바로보인

전 傳
등 燈
록 錄

29

농선 대원 역저

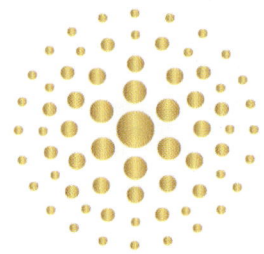

이 원상은 농선 대원 선사님께서 직접 그리신 것으로 모든 불성이 서로 상즉해 공존하는 원리를 담은 것이다.

선 심(禪心)

누리 삼킨 참나를
낙화(落花)로 자각(自覺)
떨어지는 물소리로 웃고 가는 길
돌에서 꽃에서도 님이 맞는다

 정맥 선원의 문젠 마크는 농선 대원 선사님께서 마음을 상징하는 달(moon)과 그 마음을 깨달아 마음이 내가 된 삶인 선(zen)을 평화의 상징인 비둘기로 형상화하신 것이다.

교조 석가모니 부처님과
부처님으로부터 직계로 내려온
불조정맥 78대 조사들의
진영과 전법게

 불조정맥

　불조정맥이란 석가모니 부처님으로부터 현 78대 조사에 이르기까지 스승에게 깨달음의 인증인 인가를 받아 법을 전하라는 부촉을 받은 전법선사의 맥이다. 여기에 실린 불조진영과 전법게는 농선 대원 선사님께서 다년간 수집 정리하여 기도와 관조 끝에 완성하여 수립하신 것이다. 각 선사의 진영과 함께 실린 전법게는 스승으로부터 직접 전해 받은 게송이다. 단, 석가모니 부처님 진영에 실린 게송은 석가모니 부처님의 게송이다.

교조 석가모니 부처님

환화라고 하는 것 근본 없어 생긴 적도 없어서	幻化無因亦無生
모두가 스스로 이러-해서 본다 함도 이러-하네	皆則自然見如是
모든 법도 스스로 화한 남, 아닌 것이 없어서	諸法無非自化生
환화라 하지만 남이 없어 두려워할 것도 없네	幻化無生無所畏

제1조 마하가섭 존자

법이라는 본래 법엔 법이랄 것 없으나　　法本法無法
법이랄 것 없다는 법, 그 또한 법이라　　無法法亦法
이제 법이랄 것 없음을 전해줌에　　　　今付無法時
법이라는 법인들 그 어찌 법이랴　　　　法法何曾法

제2조 아난다 존자

법이란 법 본래의 법이라　　　　　　　法法本來法
법도 없고 법 아님도 없으니　　　　　無法無非法
어떻게 온통인 법 가운데　　　　　　　何於一法中
법 있으며 법 아닌 것 있으랴　　　　　有法有非法

제3조 상나화수 존자

본래의 법 전함이 있다 하나　　　　　本來付有法
전한 말에 법이랄 것 없다 했네　　　　付了言無法
각자가 스스로 깨달으라　　　　　　　各各須自悟
깨달으면 법 없음도 없다네　　　　　　悟了無無法

제4조 우바국다 존자

법 아니고 마음도 아니어서　　　　　非法亦非心
맘이랄 것, 법이랄 것 없나니　　　　無心亦無法
마음이다, 법이다 설할 때는　　　　　說是心法時
그 법은 마음법이 아니로다　　　　　是法非心法

제5조 제다가 존자

마음이란 스스로인 본래의 마음이니　心自本來心
본래의 마음에는 법 있는 것 아니로다　本心非有法
본래의 마음 있고 법이란 것 있다 하면　有法有本心
마음도 아니요 본래 법도 아니로다　　非心非本法

제6조   미차가 존자

본래의 마음법을 통달하면	通達本心法
법도 없고, 법 아님도 없도다	無法無非法
깨달으면 깨닫기 전과 같아	悟了同未悟
마음이니, 법이니 할 것 없네	無心亦無法

제7조   바수밀 존자

맘이랄 것 없으면 얻음도 없어서	無心無可得
설함에 법이라 이름할 것도 없네	說得不名法
만약에 맘이라 하면 마음 아님 깨달으면	若了心非心
비로소 마음인 마음법 안다 하리	始解心心法

제8조   불타난제 존자

가없는 마음으로	心同虛空界
가없는 법 보이니	示等虛空法
가없음을 증득하면	證得虛空時
옳고 그른 법이 없다	無是無非法

제9조   복타밀다 존자

허공이 안팎 없듯	虛空無內外
마음법도 그러하다	心法亦如此
허공이치 요달하면	若了虛空故
진여이치 통달하네	是達眞如理

제10조   파율습박(협) 존자

진리란 본래에 이름할 수 없으나	眞理本無名
이름에 의하여 진리를 나타내니	因名顯眞理
받아 얻은 진실한 법이라고 하는 것	受得眞實法
진실도 아니요, 거짓도 아니로세	非眞亦非僞

제11조 부나야사 존자

참된 몸 스스로 이러-히 참다우니 　　　眞體自然眞
참됨을 설함으로 인해 진리란 것 있다 하나 　因眞說有理
참답게 참된 법을 깨달아 얻으면 　　　領得眞眞法
베풀 것도 없으며 그칠 것도 없다네 　　無行亦無止

제12조 아나보리(마명) 존자

미혹과 깨침이란 숨음과 드러남 같다 하나 　迷悟如隱顯
밝음과 어둠이 서로가 여읠 수 없는 걸세 　明暗不相離
이제 숨음이 드러난 법 부촉한다지만 　　今付隱顯法
하나도 아니요, 둘도 또한 아니로세 　　非一亦非二

제13조 가비마라 존자

숨었느니 드러났느니 하지만 본래의 법에는 隱顯卽本法
밝음과 어두움이 원래에 둘 아니라 　　明暗元不二
깨달아 마친 법을 전한다고 하지만 　　今付悟了法
취함도 아니요, 여읨도 아니로세 　　　非取亦非離

제14조 나가르주나(용수) 존자

숨을 수도, 드러날 수도 없는 법이라 함 　非隱非顯法
이것이 참다운 실제를 말함이니 　　　說是眞實際
숨음이 드러난 법 깨달았다 하나 　　　悟此隱顯法
어리석음도 아니요 지혜로움도 아니로다 　非愚亦非智

제15조 가나제바 존자

숨었느니 드러났느니 하면 법에 밝다 하랴 爲明隱顯法
밝게 해탈의 이치를 설하려면 　　　　方說解脫理
저 법에 증득한 바도 없는 마음이어야 하니 於法心不證
성낼 것도 없으며 기쁠 것도 없다네 　　無嗔亦無喜

제16조 라후라타 존자

본래에 법을 전할 사람 대해	本對傳法人
해탈의 진리를 설하나	爲說解脫理
법엔 실로 증득한 바 없어서	於法實無證
마침도 비롯함도 없느니라	無終亦無始

제17조 승가난제 존자

법에는 진실로 증득한 바 없어서	於法實無證
취함도 없으며 여읨도 없느니라	不取亦不離
법에는 있다거나 없다는 상도 없거늘	法非有無相
안이니 밖이니 어떻게 일으키리	內外云何起

제18조 가야사다 존자

맘 바탕엔 본래에 남 없거늘	心地本無生
바탕의 인, 연을 쫓아 일으키나	因地從緣起
연과 종자 서로가 방해 없어	緣種不相妨
꽃과 열매 그 또한 그러하네	華果亦復爾

제19조 구마라다 존자

마음의 바탕에 지닌 종자 있음에	有種有心地
인과 연이 능히 싹 나게 하지만	因緣能發萌
저 연에 서로가 걸림이 없어서	於緣不相礙
마땅히 난다 해도 남이 남 아니로세	當生生不生

제20조 사야다 존자

성품에는 본래에 남 없건만	性上本無生
구하는 사람 대해 설할 뿐	爲對求人說
법에는 얻은 바 없거늘	於法旣無得
어찌 깨닫고, 깨닫지 못함을 둘 것인가	何懷決不決

제21조　바수반두 존자

말 떨어지자마자 무생에 계합하면　　　　言下合無生
저 법계와 성품이 함께 하리니　　　　　　同於法界性
만일 능히 이와 같이 깨친다면　　　　　　若能如是解
궁극의 이변 사변 통달하리　　　　　　　通達事理竟

제22조　마노라 존자

물거품과 환 같아 걸릴 것도 없거늘　　　　泡幻同無礙
어찌하여 깨달아 마치지 못했다 하는가　　如何不了悟
그 가운데 있는 법을 통달하면　　　　　　達法在其中
지금도 아니요, 옛 또한 아니니라　　　　　非今亦非古

제23조　학륵나 존자

마음이 만 경계를 따라서 구르나　　　　　心隨萬境轉
구르는 곳마다 실로 능히 그윽함에　　　　轉處實能幽
성품을 깨달아서 흐름을 따르면　　　　　隨流認得性
기쁠 것도 없으며 근심할 것도 없네　　　　無喜亦無憂

제24조　사자보리 존자

마음의 성품을 깨달음에　　　　　　　　認得心性時
사의할 수 없다고 말하나니　　　　　　　可說不思議
깨달아 마쳐서는 얻음 없어　　　　　　　了了無可得
깨달아선 깨달았다 할 것 없네　　　　　　得時不說知

제25조　바사사다 존자

깨달음의 지혜를 바르게 설할 때에　　　　正說知見時
깨달음의 지혜란 이 마음에 갖춘 바라　　　知見俱是心
지금의 마음이 곧 깨달음의 지혜요　　　　當心卽知見
깨달음의 지혜가 곧 지금의 함일세　　　　知見卽于今

제26조 불여밀다 존자

성인이 말하는 지견은	聖人說知見
경계를 맞아서 시비 없네	當境無是非
나 이제 참성품 깨달음에	我今悟眞性
도랄 것도, 이치랄 것도 없네	無道亦無理

제27조 반야다라 존자

맘 바탕에 참성품 갖췄으나	眞性心地藏
머리도, 꼬리도 없으니	無頭亦無尾
인연 응해 만물을 교화함을	應緣而化物
지혜라고 하는 것도 방편일세	方便呼爲智

제28조 보리달마 존자

마음에서 모든 종자 냄이여	心地生諸種
일(事)로 인해 다시 이치 나느니라	因事復生理
두렷이 보리과가 원만하니	果滿菩提圓
세계를 일으키는 꽃 피우리	華開世界起

제29조 신광 혜가 대사

내가 본래 이 땅에 온 것은	吾本來此土
법을 전해 중생을 구함일세	傳法救迷情
한 송이에 다섯 꽃잎 피리니	一花開五葉
열매 맺음 자연히 이뤄지리	結果自然成

제30조 감지 승찬 대사

본래의 바탕에 연 있으면	本來緣有地
바탕의 인에서 종자 나서 꽃핀다 하나	因地種華生
본래엔 종자가 있은 적도 없어서	本來無有種
꽃핀 적도 없으며 난 적도 없다네	華亦不曾生

제31조　대의 도신 대사

꽃과 종자 바탕으로 인하니	華種雖因地
바탕을 쫓아서 종자와 꽃을 내나	從地種華生
만약에 사람이 종자 내림 없으면	若無人下種
남 없어 바탕에 꽃핀 적도 없다 하리	華地盡無生

제32조　대만 홍인 대사

꽃과 종자 성품에서 남이라	華種有生性
바탕으로 인해서 나고 꽃피우니	因地華生生
큰 연과 성품이 일치하면	大緣與性合
그 남은 나도 남 아니로세	當生生不生

제33조　대감 혜능 대사

정 있어 종자를 내림에	有情來下種
바탕 인해 결과 내어 영위하나	因地果還生
정이랄 것도 없고 종자랄 것도 없어서	無情既無種
만물의 근원인 도의 성품엔 또한 남도 없네	無性亦無生

제34조　남악 회양 전법선사

마음의 바탕에 모든 종자 머금어져	心地含諸種
널리 비 내림에 모두 다 싹트도다	普雨悉皆生
단박에 깨달아 정을 다한 꽃피움에	頓悟華情已
보리의 과위가 스스로 이뤄졌네	菩提果自成

제35조　마조 도일 전법선사

마음의 바탕에 모든 종자 머금어져	心地含諸種
비와 이슬 만남에 모두 다 싹이 트나	遇澤悉皆萌
삼매의 꽃핌이라 형상이 없거늘	三昧華無相
무엇이 무너지고 무엇이 이뤄지랴	何壞復何成

제36조   백장 회해 전법선사

마음 외에 본래에 다른 법이 없거늘	心外本無法
부촉함이 있다 하면 마음법이 아닐세	有付非心法
원래에 마음법 없음을 깨달은	既知非法心
이러-한 마음법을 그대에게 부촉하네	如是付心法

제37조   황벽 희운 전법선사

본래에 말로는 부촉할 수 없는 것을	本無言語囑
억지로 마음의 법이라 전함이니	強以心法傳
그대가 원래에 받아 지닌 그 법을	汝既受持法
마음의 법이라고 다시 어찌 말하랴	心法更何言

제38조   임제 의현 전법선사

마음의 법 있으면 병이 있고	病時心法在
마음의 법 없으면 병도 없네	不病心法無
내 부촉한 마음의 법에는	吾所付心法
마음의 법 있는 것 아니로세	不在心法途

제39조   흥화 존장 전법선사

지극한 도는 간택함이 없으니	至道無揀擇
본래의 마음이라 향하고 등짐이 없느니라	本心無向背
이 같음을 감당해 이으려는가?	便如此承當
봄바람에 곤한 잠을 더하누나	春風增瞌睡

제40조   남원 혜옹 전법선사

대도는 온통 맘에 있다지만	大道全在心
맘에 구함 있으면 그르치네	亦非在心求
그대에게 부촉한 자심의 도에는	付汝自心道
기쁨도 근심도 없느니라	無喜亦無憂

제41조　풍혈 연소 전법선사

나 이제 법 없음을 말하노니	我今無法說
말한 바가 모두 다 법 아니라	所說皆非法
법 없는 법 지금에 부촉하니	今付無法法
이 법에도 머무르지 말아라	不可住于法

제42조　수산 성념 전법선사

말한 적도 없어야 참법이니	無說是眞法
이 말함은 원래에 말함 없네	其說元無說
나 이제 말한 적도 없을 때	我今無說時
말함이라 말한들 말함이랴	說說何曾說

제43조　분양 선소 전법선사

예로부터 말함 없음 부촉했고	自古付無說
지금의 나 또한 말함 없네	我今亦無說
다만 이 말함 없는 마음을	只此無說心
모든 부처 다 같이 말한 바네	諸佛所共說

제44조　자명 초원 전법선사

허공이 형상이 없다 하나	虛空無形像
형상도, 허공도 아닐세	形像非虛空
내 부촉한 마음의 법이란	我所付心法
공도 공한 공이어서 공 아닐세	空空空不空

제45조　양기 방회 전법선사

허공이 면목이 없듯이	虛空無面目
마음의 상 또한 이와 같네	心相亦如然
곧 이렇게 비고 빈 마음을	卽此虛空心
높은 중에 높다고 하는 걸세	可稱天中天

제46조   백운 수단 전법선사

마음의 본체가 허공같아	心體如虛空
법 또한 허공처럼 두루하네	法亦遍虛空
허공 같은 이치를 증득하면	證得虛空理
법도 아니요, 공한 맘도 아니로세	非法非心空

제47조   오조 법연 전법선사

도에는 나라는 나 원래 없고	道我元無我
도에는 맘이란 맘 원래 없네	道心元無心
오직 이 나라 함도 없는 법으로	唯此無我法
나라 함 없는 맘에 일체하네	相契無我心

제48조   원오 극근 전법선사

참나에는 본래에 맘이랄 것 없으며	眞我本無心
참마음엔 역시나 나랄 것 없으나	眞心亦無我
이러-히 참답게 참마음에 일체되면	契此眞眞心
나를 나라 한들 어찌 거듭된 나겠는가	我我何曾我

제49조   호구 소륭 전법선사

도 얻으면 자재한 마음이고	得道心自在
도 얻지 못하면 근심이라 하나	不得道憂惱
본래의 마음의 도 부촉함에	付汝自心道
기쁨도, 근심도 없느니라	無喜亦無惱

제50조   응암 담화 전법선사

맑던 하늘 구름 덮인 하늘 되고	天晴雲在天
비 오더니 젖어있는 땅일세	雨落濕在地
비밀히 마음을 부촉함이여	秘密付與心
마음법이란 다만 이것일세	心法只這是

제51조　밀암 함걸 전법선사

부처님은 눈으로써 별을 보고	佛用眼觀星
난 귀로써 소리를 들었도다	我用耳聽聲
나의 함이 부처님의 함과 같아	我用與佛用
내 밝음이 그대의 밝음일세	我明汝亦明

제52조　파암 조선 전법선사

부처와 더불어 중생의 보는 것이	佛與衆生見
원래 근본 부처인데 금 그은들 바뀌랴	元本佛隔線
그대에게 부촉한 본연의 마음법에는	付汝自心法
깨닫고 깨닫지 못함도 없느니라	非見非不見

제53조　무준 사범 전법선사

내가 만약 봄이 없다 할 때에	我若不見時
그대 응당 봄이 없이 보아라	汝應不見見
봄에 봄 없어야 본연의 봄이니	見見非自見
본연의 마음이 언제나 드러났네	自心常顯現

제54조　설암 혜랑 전법선사

진리는 곧기가 거문고줄 같다는데	眞理直如絃
어떻게 침묵이나 말로 다시 할 것인가	何默更何言
나 이제 그대에게 공교롭게 부촉하니	我今善付囑
밝힌 마음 본래에 얻음이 없는 걸세	表心本無得

제55조　급암 종신 전법선사

사람에겐 미혹하고 깨달음이 본래 없는데	本無迷悟人
미했느니 깨쳤느니 제 스스로 분별하네	迷悟自家計
젊어서 깨달았다 말이나 한다면	記得少壯時
늙어서까지라도 깨닫지 못할 걸세	而今不覺老

제56조 석옥 청공 전법선사

이 마음이 지극히 광대하여	此心極廣大
허공에 비할 수도 없다네	虛空比不得
이 도는 다만 오직 이러-하니	此道只如是
밖으로 찾음 쉬어 받아 지녔네	受持休外覓

제57조 태고 보우 전법선사

지극히 큰 이것인 이 마음과	至大是此心
지극히 성스러운 이것인 이 법이라	至聖是此法
등불과 등불의 광명처럼 나뉨 없음	燈燈光不差
이 마음 스스로가 통달해 마침일세	了此心自達

제58조 환암 혼수 전법선사

마음 중의 본연의 마음과	心中有自心
법 중의 지극한 법을	法中有至法
내가 지금 부촉한다 하나	我今可付囑
마음법엔 마음법이라 함도 없네	心法無心法

제59조 구곡 각운 전법선사

온통인 도, 마음의 광명이라 할 것도 없으나	一道不心光
과거, 현재, 미래와 시방을 밝힘일세	三際十方明
어떻게 지극히 분명한 이 가운데	何於明白中
밝음과 밝지 않음 있다고 하리오	有明有不明

제60조 벽계 정심 전법선사

나 지금 법 없음을 부촉하고	我無法可付
그대는 무심으로 받는다 하나	汝無心可受
전함 없고 받음 없는 맘이라면	無付無受心
누구라도 성취하지 못했다 하랴	何人不成就

제61조   벽송 지엄 전법선사

마음이 곧 깨달음의 마음이요	心卽能知心
법이 곧 깨달음의 법이라	法卽可知法
마음법을 마음법이라 전한다면	法心付法心
마음도, 법도 아닐세	非心亦非法

제62조   부용 영관 전법선사

조사와 조사가 법 없음을 부촉한다 하나	祖祖無法付
사람과 사람마다 본래 스스로 지님일세	人人本自有
그대는 부촉함도 없는 법을 받아서	汝受無付法
긴요히 뒷날에 전하도록 하여라	急着傳於後

제63조   청허 휴정 전법선사

참성품은 본래에 성품이라 할 것 없고	眞性本無性
참법은 본래에 법이라 할 것 없네	眞法本無法
법이니 성품이니 할 것 없음 깨달으면	了知無法性
어떠한 곳엔들 통달하지 못하랴	何處不通達

제64조   편양 언기 전법선사

법도 아니고 법 아님도 아니고	非法非非法
성품도 아니고 성품 아님도 아니며	非性非非性
마음도 아니고 마음 아님도 아님이	非心非非心
그대에게 부촉하는 궁극의 마음법일세	付汝心法竟

제65조   풍담 의심 전법선사

부처님이 전하신 꽃 드신 종지와	師傳拈花宗
내가 미소지어 보인 도리를	示我微笑法
친히 손수 그대에게 분부하니	親手分付汝
받들어 지녀 누리에 두루하게 하라	持奉遍塵刹

제66조 월담 설제 전법선사

깨달아선 깨달은 바 없으며	得本無所得
전해서는 전함 또한 없느니라	傳亦無可傳
전함도 없는 법을 부촉함이여	今付無傳法
동서가 온통한 하늘일세	東西共一天

제67조 환성 지안 전법선사

전하거나 받을 법이 없어서	無傳無受法
전하거나 받는다는 맘도 없네	無傳無受心
부촉하나 받은 바 없는 이여	付與無受者
허공의 힘줄마저 뽑아서 끊었도다	掣斷虛空筋

제68조 호암 체정 전법선사

연류에 따른 일단사여	沿流一段事
머리도 꼬리도 필경 없네	竟無頭與尾
사자새끼인 그대에게 부촉하니	付與獅子兒
사자후 천지에 가득케 하라	哨吼滿天地

제69조 청봉 거안 전법선사

서 가리켜 동에 그림이여	指西喚作東
풍악산의 뭇 봉우리로다	楓嶽山衆峰
불조의 이러한 법을	佛祖之此法
너에게 분부하노라	分付今日汝

제70조 율봉 청고 전법선사

머리도 꼬리도 없는 도리	無頭尾道理
오늘 그대에게 전해주니	今日傳授汝
이후로 보림을 잘 하여서	此後善保任
영원히 끊어짐이 없게 하라	永遠無斷絶

제71조　금허 법첨 전법선사

그믐날 근원에 돌아간다 말했으나	晦日豫言爲還元
법신에 그 어찌 가고 옴이 있으랴	法身何有去與來
푸른 하늘 해 있고, 못 가운데 연꽃일세	日在靑天池中蓮
이 법을 분부하니 끊어짐이 없게 하라	此法分付無斷絕

제72조　용암 혜언 전법선사

'연꽃이 나왔다' 하여 보인 큰 도리를	示出蓮之大道理
다시 또 뜰 밑 나무 가리켜 보여서	復亦指示庭下樹
후일의 크고 큰일 그대에게 부촉하니	後日大事與咐囑
잘 지녀 보림하여 끊어짐 없게 하라	保任善持無斷絕

제73조　영월 봉율 전법선사

사느니 죽느니 이 무슨 말들인고	生也死也是何言
물밭엔 연꽃이고 하늘엔 해일세	水田蓮花在天日
가없이 이러-해서 감출 수 없이 드러남	無邊無藏露如是
오늘 네게 분부하니 끊어짐 없게 하라	今日分付無斷絕

제74조　만화 보선 전법선사

봄산과 뜬구름을 동시에 보아라	春山浮雲觀同時
중생들의 이익될 바 그 가운데 있느니라	普益衆生在其中
이 가운데 도리를 이제 네게 부촉하니	此中道理今付汝
계승해 끊임없이 번성케 할지어다	繼承無斷爲繁盛

제75조　경허 성우 전법선사

하늘의 뜬구름이 누설한 그 도리를	浮雲漏泄其道理
오늘날 선자에게 부촉하여 주노니	今日咐囑與禪子
철저하게 보림하여 모범을 보임으로	保任徹底示模範
후세에 끊어짐이 없게 할 맘, 지니게나	後世無斷爲持心

제76조   만공 월면 전법선사

구름과 달, 산과 계곡이라, 곳곳에서 같음이여	雲月溪山處處同
선가의 나의 제자 수산의 큰 가풍일세	叟山禪子大家風
은근히 무문인을 그대에게 분부하니	慇懃分付無文印
이 기틀의 방편이 활안 중에 있노라	一段機權活眼中

제77조   전강 영신 전법선사

불조도 전한 바 없어서	佛祖未曾傳
나 또한 얻은 바 없음을…	我亦無所得
가을빛 저물어 가는 날에	此日秋色暮
뒷산의 원숭이가 울고 있네	猿嘯在後峰

제78대   농선 대원 전법선사

부처와 조사도 일찍이 전한 것이 아니거늘	佛祖未曾傳
나 또한 어찌 받았다 하며 준다 할 것인가	我亦何受授
이 법이 2천년대에 이르러서	此法二千年
널리 천하 사람을 제도하리라	廣度天下人

부처님으로부터 직계로 내려온 불조정맥 제78대 농선 대원 선사님

농선 대원 전법선사의 3대 서원

오로지 정법만을 깨닫기 서원합니다.
입을 열면 정법만을 설하기 서원합니다.
중생이 다하는 그날까지 교화하기 서원합니다.

성불사 국제정맥선원 대웅전

성불사 국제정맥선원은

농선 대원 선사님께서 주석하시는 곳으로

대원 선사님의 지도하에 비구스님들이

직접 지은 도량이다.

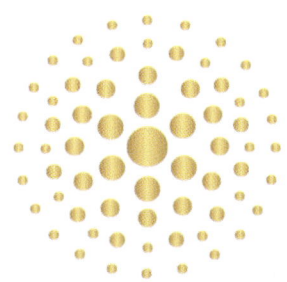

불교 8대 선언문

불교는 자신에게서 영생을 발견하게 한 유일한 종교이다.
불교는 자신에게서 모든 지혜를 발견하게 한 유일한 종교이다.
불교는 자신에게서 모든 능력을 발견하게 한 유일한 종교이다.
불교는 자신에게서 모든 것을 이루게 한 유일한 종교이다.
불교는 자신에게서 극락을 발견하게 한 유일한 종교이다.
불교는 깨달으면 차별 없어 평등하다는 유일한 종교이다.
불교는 모든 억압 없이 자신감을 갖게 한 유일한 종교이다.
불교는 그러므로 온 누리에 영원할 만인의 종교이다.

농선 대원 전법선사 주창

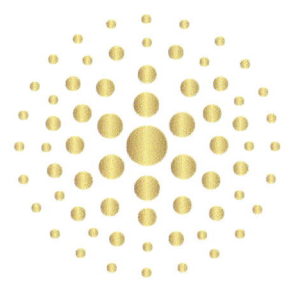

전세계의 불교계에서 통일시켜야 할 일

경전의 말씀대로 32상과 80종호를 갖춘 불상으로 통일해야 한다.

예불 드리는 법을 통일해야 한다.

불공의식을 통일해야 한다.

농선 대원 전법선사 주창

농선 대원 선사의 전등록 발간의 의의

　선문(禪文)이란 말 밖의 말로 마음을 바로 가리켜 깨닫게 하여 그 깨달은 마음 바탕에서 닦아 불지(佛地)에 이르게 하는 문(門)이다. 그러기에 지식이나 알음알이로는 헤아려 알 수 없는 것이어서 깨달아 증득하여 일체종지(一切種智)를 이룬 이가 아니고는 그 요지를 바로 보아 이끌어 줄 수 없다.

　지금 불교의 현실이 대본산 강원조차 이런 안목으로 이끌어 주는 선지식이 없어서 선종(禪宗) 최고의 공안집인 '전등록', '선문염송' 강의가 모두 폐강된 상황이다.
　이에 대원 선사님께서는 불조(佛祖)의 요지가 말이나 글에 떨어져 생사해탈의 길이 단절되는 것을 염려하여 깨달음의 법을 선리(禪理)에 맞게 바로 잡는 역경 작업에 혼신을 다하고 계신다.

　대원 선사님께서는 19세에 선운사 도솔암에서 활연대오한 후, 대선지식과의 법거량에서 한 치의 주저함도 없이 명쾌하게 응대하시니 당시 12대 선지식들께서 탄복해 마지않으셨다. 경봉 선사님과 조계종 지혜제일 전강 선사님과의 문답만을 보더라도 취모검과 같은 대원 선사님의 선지를 엿볼 수 있다.

맨 처음 통도사 경봉 선사님을 찾아뵈었을 때, 마침 늦가을 감나무에서 감을 따고 계신 경봉 선사님을 보자 감나무 주위를 한 번 돌고 서 있으니, 경봉 선사님께서 물으셨다.

"어디서 왔는가?"

"호남에서 왔습니다."

"무엇을 공부했는가?"

"선을 공부했습니다."

"무엇이 선이냐?"

"감이 붉습니다."

"네가 불법을 아는가?"

"알면 불법이 아닙니다."

위의 문답이 있은 후 경봉 선사님께서는 해제 법문을 대원 선사님께 맡기셨으나 대원 선사님께서는 아직 그럴 때가 아니라 여겨져 그 이튿날인 해제일 새벽 직전에 통도사를 떠나와 버리셨다.

또 광주 동광사에서 처음 전강 선사님을 뵈었을 때, 20대 초면의 젊은 승려인 대원 선사님께 전강 선사님께서 대뜸 '달마불식 도리'를 일러보라 하셨다. 대원 선사님께서 아무 말없이 다가가 전강 선사님의 목에 있는 점 위의 털을 뽑아 버리고 종무소로 가니, 전강 선사님께서 "여기 사람 죽이는 놈이 있다."하며 종무소까지 따라오다 방장실로 돌아가셨다.

그 이후 대원 선사님께서 군산 은적사에서 전강 선사님을 시봉하며 모시고 계실 때, 전강 선사님께서 또 물으셨다.

"공적의 영지를 일러라."

"이러-히 스님과 대담합니다."

"영지의 공적을 일러라."

"스님과 대담에 이러-합니다."

"이러-한 경지를 일러라."

"명왕은 어상을 내리지 않고 천하일에 밝습니다."

대원 선사님의 답에 전강 선사님께서는 희색이 만면해서 고개를 끄덕이며 당신 처소로 돌아가셨다.

이에 그치지 않고 전강 선사님께서 대구 동화사 조실로 계실 때, 대원 선사님께 말씀하셨다.

"대중들이 자네를 산으로 불러내어 그 중에 법성(조계종 종정 진제 스님)이 달마불식 도리를 일러보라 했을 때 '드러났다'라고 답했다는데, 만약에 자네가 양무제였다면 '모르오'라고 이르고 있는 달마 대사에게 어떻게 했겠는가?"

"제가 양무제였다면 '성인이라 함도 설 수 없으나 이러-히 짐의 덕화와 함께 어우러짐이 더욱 좋지 않겠습니까?'하며 달마 대사의 손을 잡아 일으켰을 것입니다."

그러자 전강 선사님께서 탄복하며 말씀하셨다.

"어느새 그 경지에 이르렀는가?"

"이르렀다곤들 어찌하며 갖추었다곤들 어찌하며 본래라곤들 어찌하리까? 오직 이러-할 뿐인데 말입니다."

대원 선사님의 대답에 전강 선사님께서 크게 기뻐하셨다.

이와 같이 대원 선사님께서는 20대 초반에 이미 어떤 선지식의 물음에도 전광석화와 같이 답하셨으며 그 법을 씀이 새의 길처럼 흔적 없는 가운데 자유자재하셨다.

깨달음의 방편에 있어서는 육조 대사께서 마주 앉은 자리에서 사람들을 깨닫게 하셨듯이, 제자들을 제접해 직지인심(直指人心)으로 스스로의 마음에 사무쳐 들게 하여 근기에 따라 보림해 갈 수 있도록 이끌어주시니, 꺼져가는 정법의 기치를 바로 일으켜 세움이라 하겠다.

또한 선지식이라면 이변(理邊)에서 뿐만이 아니라 사변(事邊)에서도 먼 안목으로 인류가 무엇을 어떻게 대비하며 살아가야 할지를 예언하고 이끌어 주어야 한다고 하셨다.

그래서 1962년부터 주창하시기를, 전 세계가 21세기를 '사막 경영의 시대'로 삼아 사막화된 지역에 '사막 해수로 사업'을 하여 원하는 지역의 기후를 조절해야 하고, 자원을 소모하는 발전소 대신 파도, 태양열, 풍력 등의 대체 에너지와 무한 원동기를 개발해야 한다고 하셨다. 또, 도로를 발전소화하여 전기를 생산하는 방법 등을 구체적으로 제안하시고, 천재지변을 대비하여 각자의 집에서 농사를 짓는 '울안의 농법'을 연구하시는 등 만인이 더 나은 삶을 살 수 있는 길을 끊임없이 일러 주고 계신다.

 이와 같이 대원 선사님께서는 일체종지를 이룬 지혜로, '참나를 깨달아 마음이 내가 된 삶'을 위한 깨달음의 법으로부터 닥쳐오는 재난을 막고 지구를 가장 살기 좋은 세상으로 만드는 방편까지 늘 그 방향을 제시하고 계신다.

 한편, 불교의 최고 경전인 '화엄경 81권'을 완간하여 불보살님의 불가사의한 화엄세계를 열어 보이셨으며, 선문 최대의 공안집인 '선문염송 30권' 1,463칙에 대하여 석가모니 부처님 이래 최초로 전 공안을 맑은 물 밑바닥 보듯이 회통쳐 출간하셨다.

 이제 대원 선사님께서는 7불과 역대 조사들의 깨달음의 진수가 담긴 '전등록 30권'을 그런 혜안(慧眼)으로 조사마다 선리의 토끼뿔을 더해 닦아 증득할 수 있도록 밝혀 보이셨다. 그리하여 생사윤회길을 헤매는 중생들에게 해탈의 등불이 되고자 하셨으며, 불조(佛祖)의 정법이 후세에까지 끊어지지 않게 하여 부처님 은혜에 보답하고자 하셨다.

 부처님 가신 지 오래 되어 정법은 약하고 삿된 법이 만연한 지금, 중생이 다하는 날까지 중생을 구제하기 서원하는 대원 선사님과 같은 명안종사(明眼宗師)가 계심은 불보살님의 자비광명이 이 땅에 두루한 은덕이라 하겠다.

바로보인 불법 ㊸

전傳등燈록錄

29

도서출판 문젠(구. 바로보인)은 정맥선원에서 운영하고 있습니다.

* 인제산(人濟山) 성불사(成佛寺) 국제정맥선원
  경기도 포천시 내촌면 소리개길 86-178 ☎ 031-531-8805
* 인제산(人濟山) 이문절 포천정맥선원
  경기도 포천시 내촌면 소리개길 86-123 ☎ 031-531-2433
* 백양산(白楊山) 자모사(慈母寺) 부산정맥선원
  부산시 동래구 아시아드대로 114번길 10 대륙코리아나 2층 212호 ☎ 051-503-6460
* 자모산(慈母山) 육조사(六祖寺) 청도정맥선원
  경북 청도군 매전면 동산리 산 50 ☎ 010-4543-2460
* 광암산(光巖山) 성도사(成道寺) 광주정맥선원
  광주광역시 광산구 삼도광암길 34 ☎ 062-944-4088
* 대통산(大通山) 대통사(大通寺) 해남정맥선원
  전남 해남군 화산면 송계길 132-98 중정마을 ☎ 061-536-6366

바로보인 불법 ㊸
전 등 록 29

초판 1쇄 펴낸날 단기 4354년, 불기 3048년, 서기 2021년 12월 30일

역   저 농선 대원 선사
펴 낸 곳 도서출판 문젠(Moonzen Press)
         11192, 경기도 포천시 내촌면 소리개길 86-178
         전화 031-534-3373 팩스 031-533-3387
신고번호 2010.11.24. 제2010-000004호

편집윤문출판 법심 최주희, 법운 정숙경
인디자인 전자출판 지일 박한재
한문원문대조 불장 곽병원
표 지 글 씨 춘성 박선옥
인   쇄 북크림

도서출판문젠 www.moonzenpress.com
정 맥 선 원 www.zenparadise.com
사막화방지국제연대(IUPD) www.iupd.org

ⓒ 문재현, 2021. Printed in Seoul, Republic of Korea
값 15,000원
ISBN 978-89-6870-629-5
ISBN 978-89-6870-600-4 04220(전30권)

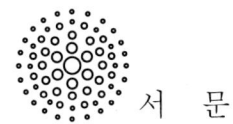 서 문

  전등록은 말 없는 말이며 말 밖의 말이라서 학식이나 재치만으로는 번역이 실로 불가능한 일이다. 그러기에 육조단경(六祖壇經)을 보면 법화경을 삼천 번이나 독송한 법달(法達)은 글 한 자 모르시는 육조(六祖)께 경의 뜻을 물었고, 글을 모르시는 육조께서는 법화경의 바른 뜻을 설파하셔서 법달을 깨닫게 하신 것이다.
  그런데 하루는 본인에게 법을 물으러 다니시던 부산의 목원 하상욱 본연님이 오셔서 시중에 나온 전등록 번역본 두세 가지를 보이시며 범인인 당신에게도 부처님과 조사님들의 본래 뜻에 맞지 않는 대문이 군데군데 눈에 뜨인다며 바른 의역의 필요성을 절감한다고 하셨다. 그 후로 전등록 번역을 바로 해주십사 하는 간청이 지극하여 비록 단문하나 이 일을 시작하게 되었다.
  부처님과 조사님들의 근본 뜻에 어긋남이 없게 하기 위해 노력하였으나 약속한 기간 내에 해내기란 실로 벅찬 일이어서 혹시 미비한 점이 없지 않으리니 강호 제현의 좋은 지적이 있기를 바란다.

불법(佛法)이란 본자연(本自然)이라 누가 설(說)하고 누가 듣고 배울 자리요만 그렇지 못한 이가 또한 있어서 부처님과 조사님들의 허물이 생기는 것이다.

어떤 것이 부처인고?
화분의 빨간 장미니라.

이 가운데 남전(南泉) 뜰꽃 도리(道理)며 한산(寒山) 습득(拾得)의 웃음을 누릴진저.

단기(檀紀) 4354년
불기(佛紀) 3048년
서기(西紀) 2021년

무등산인 농선 대원 분향근서
(無等山人 弄禪 大圓 焚香謹書)

양억(楊億)의 경덕전등록 서문

　석가모니께서 일찍이 연등 부처님의 수기를 받아, 현겁(賢劫)의 보처(補處)가 되어 이 땅에 탄강하시고 법을 펴서 교화하시기가 49년이었으니 방편과 진리, 돈오(頓悟)와 점수(漸修)의 문호를 여시고, 헤아릴 수 없이 많은 다양한 교법을 내려 주셨다.
　근기(根機)에 따라 진리를 깨닫게 하신 데서 삼승(三乘)의 차별이 생겼으니, 사물에 접하는 대로 중생을 이롭게 하여 한량없는 중생을 제도하셨다. 그 자비는 넓고 컸으며 그 법식(法式)은 두루 갖추어져 있었다.
　쌍림(雙林)에서 열반에 드실 때 가섭(迦葉)에게만 유촉하신 것이 차츰 차츰 전하여 달마에 이르러서 비로소 문자를 세우지 않고 마음의 근원을 곧바로 보이게 되었으니, 차례를 밟지 않고 당장에 부처의 경지에 오르게 되어 다섯 잎[1]이 비로소 무성하고 천 개의 등불[2]이 더욱 찬란하여서, 보배 있는 곳에 이른 이는 더욱 많고, 법의 바퀴를 굴린 이도 하나가 아니었다.
　부처님께서 부촉하신 종지와 정법안장(正法眼藏)이 유통되는 도리는 교리 밖에서 따로 행해지는 불가사의(不可思議)한 것이다.
　태조(太祖)께서 거룩하신 무력으로 전란을 진압하신 뒤에 사찰을 숭상하여 제도의 문을 활짝 여셨고, 태종(太宗)께서 밝으신 변재로 비밀한 법을 찬술하시어 참된 이치를 높이셨으며, 황상(皇上)[3]께서 높으신 학덕으로 조사의 뜻을 이어 거룩한 가르침에 머릿말을 쓰셔 종풍(宗風)을 잇게 하시니, 구름 같은 문장이 진리의 하늘에 빛나고, 부처의 황금같은 설법

---

1) 다섯 잎 : 중국 선종의 2조 혜가로부터 6조 혜능에 이르는 다섯 조사를 말한다.
2) 천 개의 등불 : 중국에 선법(禪法)이 전해진 이후 등장한 수많은 견성도인들을 말한다.
3) 황상(皇上) : 송의 진종(眞宗)을 말한다.

이 깨달음의 동산에 펼쳐졌다.

대장경의 말씀에 비밀히 계합하고, 인도로부터의 법맥이 번창하니, 뭇 선행을 늘리는 이가 더욱 많아졌고, 요의(了義)[4]를 전하는 사람들이 간간이 나타나서 원돈(圓頓)의 교화가 이 지역에 퍼졌다.

이에 동오(東吳)의 승려인 도원(道原)이 선열(禪悅)의 경지에 마음을 모으고, 불법의 진리를 샅샅이 찾으며, 여러 세대의 조사 법맥을 찾고, 제방의 어록(語錄)을 모아 그 근원과 법맥에 차례를 달고, 말씀들을 차례차례 엮되, 과거 7불로부터 대법안(大法眼)의 문도에 이르기까지 무릇 52세대, 1,701인을 수록하여 30권으로 만들어 경덕전등록이라 하여 대궐로 가지고 와서 유포해 주기를 청하였다.

황상께서는 불법을 밖으로부터 보호하고자 하시고, 승려들의 부지런함을 가상히 여겨 마음가짐을 신중히 하고 생각을 원대히 하여 좌사간(左司諫) 지제고(知制誥) 양억(楊億)과 병부원외랑(兵部員外郎) 지제고(知制誥) 이유(李維)와 태상승(太常丞) 왕서(王曙) 등을 불러 교정케 하시니, 신(臣) 등은 우매하여 삼학(三學)[5]의 근본 뜻을 모르고 5성(五性)[6]의 방편에 어두우며, 훌륭한 번역 솜씨도 없고, 비야리 성에서 보인 유마 거사의 묵연(黙然) 도리[7]에도 둔하건만 공손히 지엄하신 하명(下命)을 받들어 감히 끝내 사양하지 못하였다.

그 저술된 내용을 두루 살펴보면 대체로 진공(眞空)[8]으로써 근본을 삼고 있고, 옛 성인께서 도에 들던 인연을 서술할 때나 옛 사람이 진리를 깨달은 이야기를 표현할 때엔 근기와 인연의 계합함이 마치 활쏘기와 칼쓰

---

4) 요의(了義) : 일을 다 마친 도리. 깨달아서 깨달음마저 두지 않는 경지를 말한다.
5) 삼학(三學) : 계(戒), 정(定), 혜(慧).
6) 5성(五性) : 법상종의 용어. 일체중생의 근기를 다섯 성품으로 나누어서 성불할 근기와 성불하지 못할 근기로 나누었다.
7) 유마 거사의 묵연 도리 : 유마 거사가 비야리성에서 그를 문병하러 온 문수보살과 법담을 할 때 잠자코 말이 없음으로 불이(不二)의 도리를 드러내 보인 일을 말한다.
8) 진공(眞空) : 색(色)이니 공(空)이니를 초월해서 누리는 경지.

기가 알맞는 것 같아 지혜가 갖추어진 데서 광명을 내어, 채찍 그림자만 보고도 달리는 말과 같은 상근기자(上根機者)들에게 널리 도움이 되고 있다.

후학(後學)들을 인도함에는 현묘한 진리를 드날리고 있고, 다른 이야기를 가져올 때에는 출처를 밝히고 있으며, 다듬어지지 않은 부분도 많으나 훌륭한 부분도 찾아볼 수 있었다. 모든 대사들이 대중에게 도리를 보일 때에 한결같은 소리로 펼쳐 보이고 있으니 영특한 이가 귀를 기울여 듣는다면 무수한 성인들이 증명한다 할 것이다. 개괄해서 들추어도 그것이 바탕이어서 한군데만 취해도 그대로가 옳다.

만일 별달리 더 붓을 댄다면 그 돌아갈 뜻을 잃을 것이다. 중국과 인도에서의 말이 이미 다르지 않은데 자칫하면 구슬에다 무늬를 새기려다 보배에 흠집을 낼 우려가 있기에, 이런 종류는 모두 그대로 두었다. 더욱이 일은 실제로 행한 것만을 취해 기록하여 틀림없이 잘 서술했으나 말이란 오래도록 남아 전해지는 까닭에 전혀 문장을 다듬지 않을 수는 없었다.

어떤 사연을 기록할 때엔 그 자취를 자세히 하였고 말이 복잡해지거나 이야기가 저속한 것이 있으면 모두 삭제하되 문맥이 통하게 하였다.

유교(儒敎)의 대신이나 거사(居士)의 문답에 이르러 벼슬자리와 성씨가 드러난 이는 연대와 역사에 비추어 잘못을 밝히고, 사적(史籍)에 따라 틀린 점을 바로잡아 믿을 만한 전기가 되게 하였다.

만일 바늘을 던져 맞추듯 한 치의 어긋남 없이 도리를 밝히는 일이 아니거나, 번갯불이 치듯 빠른 기틀을 내보이는 일이 아니거나, 묘하게 밝은 참 마음을 보이는 일이 아니거나, 고(苦)와 공(空)의 깊은 이치를 조사(祖師)의 뜻 그대로 기술(記述)하는 일이 아니라면, 어떻게 등불을 전한다는 전등(傳燈)이라는 비유에 계합(契合)하는 그 극진한 공덕을 베풀 수 있었겠는가?

만일 감응(感應)한 징조만을 서술하거나 참문하고 행각한 자취만을 기록한다 할 것 같으면 이는 이미 승사(僧史)에 밝혀져 있는 것이니, 어째서 선가(禪家)의 말씀을 굳이 취하겠는가? 세대와 계보의 명칭을 남긴 것만이 아니라 스승과 제자가 이어지는 근거를 널리 기록하였다.

그러나 옛날 책에 실린 것을 보면 잘 다듬어지지 않은 내용을 수록하고 잘 다듬어진 것은 버린 일이 있는데, 다른 기록에 남아 있으면 해당하는 문장을 찾아 보완하고, 더욱 널리 찾아서 덧붙이기도 하였다. 또한 서문과 논설에 이르러 혹 옛 조사(祖師)의 문장이 아닌 것이 사이사이 섞이어 공연히 군소리가 되었으면 모두 간추려서 다 깎아버렸으니, 이같이 하여 1년 만에 일이 끝났다.

저희 신(臣)들은 성품과 식견이 우둔하고, 학문이 넓지 못하고, 기틀이 본래 얕고, 문장력은 부족하여 묘한 도리가 사람에게 달렸다고는 하나 마음에서 떠난 지 오래되고 깊은 진리를 나타내는 말이 세속에서 단절되어, 담벽을 마주한 듯 갑갑하게 지낸 적이 많았다. 과분하게도 추천해 주시는 은혜를 받았으나 아무 힘도 발휘하지 못했다. 편찬하는 일이 이미 끝났으므로 이를 임금님께 바친다. 그러나 임금님의 뜻에 맞지 않아, 임금님께서 거룩히 살펴보시는 데에 공연히 누만 끼치는 것이 아닌가 한다. 삼가 바친다.

한림학사조산대부행좌사간지제고동
수국사판사관사주국남양군개국후식읍
1천백호사자금어대신 양억 지음

景德傳燈錄序 昔釋迦文。以受然燈之夙記當賢劫之次補。降神演化四十九年。開權實頓漸之門。垂半滿偏圓之教。隨機悟理。爰有三乘之差。接物利生。乃度無邊之眾。其悲濟廣大矣。其軌式備具矣。而雙林入滅。獨顧於飲光。屈眴相傳。首從於達磨。不立文字直指心源。不踐楷梯徑登佛地。逮五葉而始盛。分千燈而益繁。達寶所者蓋多。轉法輪者非一。蓋大雄付囑之旨。正眼流通之道。教外別行不可思議者也。

聖宋啟運人靈幽贊。太祖以神武戡亂。而崇淨刹。闢度門。太宗以欽明禦辯。而述祕詮。暢真諦。皇上睿文繼志而序聖教繹宗風。煥雲章於義天。振金聲於覺苑。蓮藏之言密契。竺乾之緒克昌。殖眾善者滋多。傳了義者間出。圓頓之化流於區域。有東吳僧道原者。冥心禪悅。索隱空宗。披弈世之祖圖。采諸方之語錄。次序其源派。錯綜其辭句。由七佛以至大法眼之嗣。凡五十二世。一千七百一人。成三十卷。目之曰景德傳燈錄。詣闕奉進冀於流布。

皇上為佛法之外護。嘉釋子之勤業。載懷重慎。思致悠久。乃詔翰林學士左司諫知制誥臣楊億。兵部員外郎知制誥臣李維。太常丞臣王曙等。同加刊削。俾之裁定。臣等昧三學之旨迷五性之方。乏臨川翻譯之能。懵毘邪語默之要。恭承嚴命。不敢牢讓。竊用探索匪遑寧居。考其論譔之意。蓋以真空為本。將以述曩聖入道之因。標昔人契理之說。機緣交激。若拄於箭鋒。智藏發光。旁資於鞭影。

誘道後學。敷暢玄猷。而捃摭之來。徵引所出。糟粕多在。油素可尋。其有大士。示徒。以一音而開演。含靈聳聽。乃千聖之證明。屬概舉之是資。取少分而斯可。若乃別加潤色失其指歸。既非華竺之殊言。頗近錯雕之傷寶。如此之類悉仍其舊。況又事資紀實。必由於善敘。言以行遠。非可以無文。其有標錄事緣。縷詳軌跡。或辭條之紛糾。或言筌之猥俗。並從刊削。俾之綸貫。

至有儒臣居士之問答。爵位姓氏之著明。校歲歷以愆殊。約史籍而差謬。鹹用刪去。以資傳信。自非啟針投分之玄趣。馳激電之迅機。開示妙明之真心。祖述苦空之深理。即何以契傳燈之喻。施刮膜之功。若乃但述感應之徵符。專敘參遊之轍跡。此已標於僧史。亦奚取於禪詮。聊存世系之名。庶紀師承之自然而舊錄所載。或掇粗而遺精。別集具存。當尋文而補闕。率加采攝。爰從附益。逮於序論之作。或非古德之文。問廁編聯徒增椹釀（椹釀二字出唐張燕公文集。謂冗長也）亦用簡別多所屏去。汔茲周歲方遂終篇。臣等性識媿於冥煩。學問慚於涉獵。天機素淺。文力無餘。妙道在人。雖刻心而斯久。玄言絕俗。固牆面以居多。濫膺推擇之私。靡著發揮之效。已克終於紬繹。將仰奉於清間。莫副宸襟空塵睿覽。謹上。

翰林學士朝散大夫行左司諫知制誥同
修國史判史館事柱國南陽郡開國侯食邑
一千百戶賜紫金魚袋臣楊億 撰

승려 희위(希渭)의 경덕전등록 재발간사

　호주로(湖州路) 도량산(道場山) 호성만세선사(護聖萬歲禪寺)의 늙은 중 희위(希渭)는 본관이 경원로(慶元路) 창국주(昌國州)이며 성은 동(董)씨다.
　어릴 때부터 고향의 성에 있는 관음선사(觀音禪寺)에 가서 절조(絶照) 화상을 스승으로 삼았고, 법명(法名)을 받게 되어 자계현(慈溪懸) 개수(開壽)의 보광선사(普光禪寺)에 가서 용원(龍源) 화상에 의해 머리를 깎고 중이 되었다.
　그대로 오대율사(五臺律寺)로 가서 설애(雪涯) 화상에게 구족계를 받은 뒤에 짐을 꾸려 서쪽으로 향해 행각을 떠나 수행을 하다가 나중에 다시 은사이신 용원 화상을 만나 이 산으로 옮겨 왔다.
　스승을 따라 배움에 참여하고 이로움을 구한 지 벌써 여러 해가 되었다. 항상 스승의 은혜를 생각하면서도 갚을 기회가 없었다. 그런데 삼가 윗대로부터의 부처와 조사들을 수록한 경덕전등록 30권을 보니 7불로부터 법안(法眼)의 법사(法嗣)에 이르기까지 전부 52세대(世代)인데, 경덕(景德)에서 연우(延祐) 병진년에 이르기까지 317년이나 지나서 옛 판본이 다 썩어버려 남아있지 않기 때문에 후학들이 보고 싶어도 볼 수가 없었다. 이에 발심하여 다시 간행한다.
　홀연히 내 고향에 있는 천성선사(天聖禪寺)의 송려(松廬) 화상이 소장하고 있던, 여산(廬山)의 은암(隱庵)에서 찍은 옛 책이 가장 보존이 잘 된 상태로 입수되었는데, 아주 내 마음에 들었다. 마침내 병진(丙辰)년 정월 10일에 의발 등속을 모두 팔아 1만 2천여 냥을 얻었다. 그날 당장에 공인(工人)에게 간행할 것을 명하여 조사의 도리가 세상에 유포되게 하였다. 이 책은 모두 36만 7천 9백 17자이다. 그해 음력 12월 1일에야 공인의 작업이 끝났다.

당장에 300부를 인쇄하여 전당강(錢塘江) 남북지역과 안중(安衆)지역[9]의 여러 명산(名山)의 방장(方丈)[10]과 몽당(蒙堂)[11]과 여러 요사(寮舍)[12]에 한 부씩을 비치케 하여 온 세상의 도를 분변(分辨)하는 참선납자(參禪衲子)들이 참구하기에 편하도록 하였다. 이를 잘 이용하여 사은(四恩)[13]을 갚고 아울러 삼유(三有)의 중생[14]에게도 도움이 되기 바란다.

             대원(大元) 연우(延祐) 3년[15] 음력 12월 1일
                늙은 중 희위(希渭)가 삼가 쓰고
              젊은 비구 문아(文雅)가 간행을 감독하고
                주지 비구 사순(士洵)이 간행하다.

---

9) 두 지역은 희위 스님의 고향인 호주(湖州)와 비교적 인접한 지역들이다.
10) 방장(方丈) : 절의 주지가 거처하는 방. 지금은 견성한 이가 아니더라도 주지를 맡고 있으나 그 당시에는 견성한 도인이라야 그 절의 주지를 맡았다. 따라서 방장에는 대체로 법이 높은 스님이 기거하는 경우가 대부분이었다.
11) 몽당(蒙堂) : 승사(僧寺)의 일에서 물러난 사람이 거처하는 방.
12) 요사(寮舍) : 절에서 대중이 숙식하는 방.
13) 사은(四恩) : 보시(布施), 자애(慈愛), 화도(化導), 공환(共歡)의 네가지 시은(施恩), 또는 부모(父母), 중생(衆生), 국왕(國王), 삼보(三寶)의 네가지 지은(知恩).
14) 삼유(三有)의 중생 : 욕계(慾界), 색계(色界), 무색계(無色界)의 삼계(三界)를 유전하는 미혹한 중생.
15) 서기 1316년.

차 례

서 문 35
양억(楊億)의 경덕전등록 서문 37
승려 희위(希渭)의 경덕전등록 재발간사 42
일러두기 46

찬(讚)ㆍ송(頌)ㆍ게(偈)ㆍ시(詩) 47

양(梁) 보지(寶誌) 화상의 대승찬(大乘讚) 10수 49
보지(寶誌) 화상의 12시송(十二時頌) 81
지공(誌公) 화상의 14과송(十四科頌) 105
귀종(歸宗) 지상(智常) 지진(至眞) 선사의 게송 1수 152
향엄(香嚴) 습등(襲燈) 대사 지한(智閑)의 게송 19수 156
동산(洞山) 화상 양개(良价)의 게송 1수 195
용아(龍牙) 화상 거둔(居遁)의 게송 18수 197

현사(玄沙) 사비(師備) 종일(宗一) 대사의 게송 3수 208
초경(招慶) 성등(省燈) 진각(眞覺) 대사의 게송 2수 212
장주(漳州) 나한(羅漢) 계침(桂琛) 화상의 도를 밝힌 게송 1수 216
남악(南嶽) 유경(惟勁) 선사가 깨달음의 경지를 읊은 게송 1수 221
영주(郢州) 임계(臨谿) 경탈(敬脫) 화상의 도에 드는 깊고 얕음을 읊은 게송 5수 231
대법안(大法眼) 문익(文益) 선사의 게송 14수 235
백거이(白居易)의 팔점게(八漸偈) 250
동안(同安) 찰(察) 선사의 십현담(十玄談) 261
운정산(雲頂山)의 승(僧) 덕부(德敷)의 시(詩) 10수 287
승(僧) 윤(潤)의 시 3수 308

색인표 315

부록 농선 대원 선사님의 12게송 324

일러두기

1. 대만에서 펴낸 『경덕전등록(景德傳燈錄)』(宋釋道原 編, 新文豐出版公司, 民國 75년, 1986년)에 의거해서 번역했으며 누락된 부분 없이 완역하였다.
2. 농선 대원 선사가 각 선사장마다 선리의 토끼뿔을 더하여 닦아 증득하는 데 도움이 되도록 하였다.
3. 뜻이 통하지 않는데도 오자가 아닐 때는 옛 한문 사전에서 그 조사 당시에 그 글자가 어떻게 쓰였는가를 찾아 번역하였다. 예를 들어 '還'자가 돌아올 '환'으로가 아니라 영위할 '영'으로 쓰여 뜻이 통한 경우에는 '영위하다' '누리다'로 의역하였다.
4. 선사들의 생몰연대는 여러 기록된 내용이 일치하지 않거나 미상으로 되어 있는 바가 많아, 각 선사 당시의 나라와 왕의 연대, 불교의 상황 등을 역사학자들이 전문적으로 연구하여 밝혀야 할 부분이 있기에, 이 책에서는 여러 자료와 연구 결과가 일치된 내용만을 주에서 표기하였다.
5. 첨가한 주의 내용은 불교에 대한 지식이 없는 이들도 선문답을 참구해 가는데 도움이 되도록 간략하게 달았으며, 주의 내용에 따라서는 사전적인 뜻보다는 선리(禪理)로서 그 뜻을 밝혀 마음에 비추어 참구할 수 있도록 하였다.

찬(讚)·송(頌)·게(偈)·시(詩)

양(梁) 보지(寶誌) 화상[1]의 대승찬(大乘讚) 10수[2]

1.
큰 도(道)는 언제나 눈앞에 있다 하나
눈앞에 있어도 보려 하면 어렵네
도의 참된 본체를 깨달으려 한다면
소리와 색, 언어를 없애려 하지 말게
언어인 그대로가 곧바로 큰 도이니
끊어서 없애야 할 번뇌란 것 없다네

梁寶誌和尚大乘讚十首。
大道常在目前
雖在目前難覩
若欲悟道眞體
莫除聲色言語
言語卽是大道
不假斷除煩惱

---

1) 보지(寶誌) 화상(418 ~ 514).
2) 9수밖에 전하지 않음.

번뇌라고 하는 것 본래 비고 고요한데
망정으로 서로 갈려 얽혔을 뿐이라네
일체가 메아리와 그림자 같으니
무엇이 좋은지 나쁜지 알 것 없네
마음에 상을 취해 실다움을 삼는다면
절대로 견성하여 마칠 수 없다네
업 지으며 부처를 구하려 하지만
업 그것이 생사의 큰 원인이기에
생사의 업 언제나 이 몸을 따르는 한
캄캄한 지옥을 벗어나지 못하리라

煩惱本來空寂
妄情遞相纏繞
一切如影如響
不知何惡何好
有心取相爲實
定知見性不了
若欲作業求佛
業是生死大兆
生死業常隨身
黑闇獄中未曉

이치를 깨달으면 본래 다름없거늘
깨달은 뒤 누굴 늦고 빠르다 하겠는가
법계의 크기는 태허와도 같건만
중생의 소견으로 마음이 작다 하네
다만 능히 나란 생각 일으킴 없다면
열반의 법식(法食)으로 언제나 배부르리

悟理本來無異
覺後誰晚誰早
法界量同太虛
眾生智心自小
但能不起吾我
涅槃法食常飽

 토끼뿔

어떤 것이 열반의 법식(法食)인가?

풀, 나무, 새소리니라.

2.
허망한 몸 거울에 비치는 그림자니
그림자와 허망한 몸 다르지 않은데
그림자는 없애고 몸만 있게 하려는 것
몸의 근본 허공처럼 비었음을 모른 걸세
몸의 근본 그림자와 다른 것이 아니니
하난 있고 하난 없게 할 수가 없다네
하나만 남기고 하나를 버리려 함
영원히 진리와는 어긋나는 것이니

妄身臨鏡照影
影與妄身不殊
但欲去影留身
不知身本同虛
身本與影不異
不得一有一無
若欲存一捨一
永與眞理相疎

성인을 좋아하고 범부를 싫어함은
생사의 바다속을 넘나드는 것일세
번뇌는 마음으로 인해서 있게 되니
무심(無心)하면 번뇌가 어디에 있으랴
분별로 형상을 취하지만 않는다면
자연히 한순간에 참 도를 깨달으리
꿈꿀 때는 꿈 중의 짓고 만듦 있지만
깨달으면 깨달은 경지랄 것도 없네
깨달아서 꿈속을 돌이켜 생각하면
전도된 두 소견이 머무를 수 없다네

更若愛聖憎凡
生死海裏沈浮
煩惱因心有故
無心煩惱何居
不勞分別取相
自然得道須臾
夢時夢中造作
覺時覺境都無
飜思覺時與夢
顚倒二見不殊

미혹을 고치고 깨달음을 취해서
이롭게 되기만을 구하고 있다면
장사하는 무리와 무엇이 다르랴
움직임과 고요함 모두 없어 적멸하면
스스로 이러-해서 진여에 계합하리
부처와 중생이 다르다고 여기면
까마득히 부처와는 멀어지게 되나니
부처와 중생이 둘 아닌 경지라야
스스로 이러-해서 남음 없는 구경(究竟)일세

改迷取覺求利
何異販賣商徒
動靜兩亡常寂
自然契合眞如
若言眾生異佛
迢迢與佛常疎
佛與眾生不二
自然究竟無餘

 토끼뿔

어떤 것이 부처와 중생이 둘 아닌 경지인가?

풍경이 이르고 있구나.

3.
법성은 본래부터 언제나 적멸하여
넓고도 넓어서 끝도 갓도 없건만
취하거나 버리려는데 마음을 두었기에
두 가지 경계에 빠져들게 되었다네
좌선으로 수행하여 선정에 든다 하고
경계 거둬 깨달아 비춘다고 하면서
목인(木人)의 기틀인데 도 닦는다 말하니
언제나 피안에 이를 수 있으랴

法性本來常寂
蕩蕩無有邊畔
安心取捨之間
被他二境迴換
歛容入定坐禪
攝境安心覺觀
機關木人修道
何時得達彼岸

모든 법은 본래 공해 집착할 것이 없고
경계란 것 구름같이 흩어지고 모이는 것
본 성품이 원래 공함 홀연히 깨달으면
그건 마치 열병에 땀 낸 것과 같으리라
지혜 없는 사람에겐 말로 해선 안 되니
한 방망이 때려서 사무치게 하여라

諸法本空無著
境似浮雲會散
忽悟本性元空
恰似熱病得汗
無智人前莫說
打你色身星散

🐦 토끼뿔

본 성품이 원래 공함 홀연히 깨달으려면 어찌해야겠는가?

"악."
조금 있다 주장자를 던지고
떨쳐 일어나 귀방하다.

4.
그대들 중생에게 참 도를 말하노니
있는 것도 아니고 없는 것도 아니라네
있는 것도 없는 것도 아니어서 둘 아닌데
어찌하여 있는 것을 허망하다 하는가
있다 없다 하는 것은 망심으로 세운 이름
하나란 것마저 파하면 이낱이라는 것마저 차지할 수 없다네.
두 이름 다 그대들의 망정으로 지은 바니
망정이 없으면 본래의 진여일세
정(情)으로 부처를 찾고자 하는 것은
산에다 그물을 쳐 고기잡이하는 걸세

報你眾生直道
非有即是非無
非有非無不二
何須對有論虛
有無妄心立號
一破一箇不居
兩名由爾情作
無情即本真如
若欲存情覓佛
將網山上羅魚

애써도 헛되어 이익이 없으니
얼마나 부질없이 헛수고 함인가
마음이 곧 부처임을 알지 못해 구하는 것
참으로 나귀 타고 나귀 찾는 격이니
온갖 것을 미워함도 애착함도 없으면
번뇌란 것 모두 다 따라서 없어지리
번뇌가 없어지면 몸이란 것 없어지니
몸이랄 것 없어지면 부처도 원인도 없다네
부처도 원인도 없음을 깨달으면
자연히 법도 없고 사람도 없을 걸세

徒費功夫無益
幾許枉用工夫
不解卽心卽佛
眞似騎驢覓驢
一切不憎不愛
這箇煩惱須除
除之則須除身
除身無佛無因
無佛無因可得
自然無法無人

 토끼뿔

어떻게 해야 부처도 원인도 없음을 깨닫겠는가?

손으로 방바닥을 치고 좀 있다가

닭은 추우면 나무에 오르고
오리는 추우면 물에 들어간다

5.
대도(大道)는 수행으로 얻는 것이 아닌데
수행을 말하는 것 범부 위한 방편일세
이치를 돌이켜 관해서 깨달아 행하면
비로소 헛수고 한 줄을 알게 되리
원통(圓通)의 큰 진리를 깨닫지 못하고야
말과 행이 어찌 서로 부합될 수 있겠는가
달리 헤아려 알려는데 집착하지 말라
빛 돌이켜 혼연하여 구별 없는 도〔無〕다
뉘라서 이 말을 알아들을 수 있으랴

大道不由行得
說行權爲凡愚
得理返觀於行
始知枉用工夫
未悟圓通大理
要須言行相扶
不得執他知解
迴光返本全無
有誰解會此說

그대에게 자기 향해 추구하라 하노니
스스로가 지난날의 허물을 발견하여
다섯 가지 욕망의 사마귀를 없애라
해탈하면 함이 없는 함으로 자재하여
방편 따라 가풍(家風)을 드날리게 되리니
그 누가 발심하여 수용할 사람인가
그런 이가 있다면 나처럼 안락하리

教君向己推求
自見昔時罪過
除却五欲瘡疣
解脫逍遙自在
隨方賤賣風流
誰是發心買者
亦得似我無憂

토끼뿔

어떻게 해야 다섯 가지 욕망의 사마귀를 없애겠는가?

보는 놈을 보아서 얼음 없는 웃음 짓는 것이니라.

6.
안이니 밖이니 그릇된 견해이고
불법이니 마법이니 어긋난 짓이네
이 두 가지 커다란 마장에 걸리면
괴로움을 싫어하고 즐거움을 구한다네
생사 근본 깨달으면 본체가 공하거늘
부처니 악마니 어디에 발 붙이랴
오로지 망정의 분별에 의하여
앞몸에서 뒷몸으로 어리석게 떨어져서
육도를 윤회하며 쉬지를 못하고
지은 업을 끝끝내 벗어나지 못하네

內見外見總惡
佛道魔道俱錯
被此二大波旬
便即厭苦求樂
生死悟本體空
佛魔何處安著
只由妄情分別
前身後身孤薄
輪迴六道不停
結業不能除却

이렇게 생사에 헤매는 까닭은
모두가 어지러이 잔꾀 냈기 때문일세
몸이 본래 허무하여 진실하지 않으니
근원에 돌아간다 그 누가 분별하랴
있고 없음 나 스스로 만들어낸 것이니
허망한 마음으로 헤아리지 말게나
중생의 몸이란 것 허공과 같거늘
번뇌란 것 어느 곳에 붙일 수 있으랴
다만 일체 바라거나 구함만 없다면
스스로 이러-해서 번뇌란 것 없으리

所以流浪生死
皆由橫生經略
身本虛無不實
返本是誰斟酌
有無我自能爲
不勞妄心卜度
眾生身同太虛
煩惱何處安著
但無一切希求
煩惱自然消落

토끼뿔

어떻게 해야 생사 근본을 깨닫겠는가?

뇌성이 불빛 토해 일렀다.

7.
가소롭다 갖가지 중생의 무리여
모두 다 제각기 딴 소견에 집착하네
오로지 불 곁에서 떡만을 구할 뿐
본래의 밀가루를 돌이켜 못 보누나
밀가루가 정(正)과 사(邪)의 근본이어서
사람에 의해서 백 가지 물건 되듯
바라는 바 모든 것을 뜻대로 자재하되
치우쳐 애욕에 빠지지 말아라

可笑眾生蠢蠢
各執一般異見
但欲傍鏊求餅
不解返本觀麪
麪是正邪之本
由人造作百變
所須任意縱橫
不假偏耽愛戀

집착이 없으면 그것이 곧 해탈이요
구하는 것 있으면 그물에 걸린다네
인자한 마음으로 온갖 것에 평등하면
진여인 보리가 저절로 나타나고
'나'라거나 '남'이라는 두 마음을 낸다면
마주하고 있다 해도 부처를 못 보리라

無著卽是解脫
有求又遭羅罝
慈心一切平等
眞如菩提自現
若懷彼我二心
對面不見佛面

 토끼뿔

어찌해야 치우쳐 애욕에 빠지지 않겠는가?

애욕의 머리를 향해서 관조하라
비추고 비추어서 능소 없음에 이르러
짓는 미소 애욕이 선열이 될 것일세

8.
세간에 허다한 어리석은 사람들이
도 지니고 다시 도를 구하고자 한다네
온갖 뜻을 두루 찾아 어지럽게 하면서
자기 몸 구제도 제대로 못 한다네
오로지 남의 글만 어지러이 지껄여서
지극한 이치라 묘하다고 자칭하며
수고롭게 일생을 헛되이 보내다가
영겁토록 생사에 빠져서 헤매네

世間幾許癡人
將道復欲求道
廣尋諸義紛紜
自救己身不了
專尋他文亂說
自稱至理妙好
徒勞一生虛過
永劫沈淪生老

혼탁한 애욕에 마음 얽혀 못 풀면
청정한 지혜 마음 스스로 번거롭네
진여(眞如)와 법계의 총림(叢林)이라 하는 것이
도리어 가시덤불 잡초 밭이 되나니
노란 잎에 집착하여 금이라고 한다면
금 버리고 보배를 구함이라 못 깨닫네
이 까닭에 정신 잃고 미친 듯이 달리면서
애써서 겉모습을 꾸미려고 하지만
입으로는 경을 읽고 논장을 외워도

濁愛纏心不捨
清淨智心自惱
眞如法界叢林
返作³⁾荊棘荒草
但執黃葉爲金
不悟棄金求寶
所以失念狂走
强力裝持相好
口內誦經誦論

---

3) 作이 원나라본에는 生으로 되어 있다.

마음속은 언제나 바짝 말라 있다네
단번에 마음의 본래 공함 깨달으면
진여에는 구족되어 모자람이 없다네
성문은 마음마다 미혹을 끊으려 하나
끊으려는 마음이 도리어 도적이니
도적과 도적이 번갈아 드나드니
어느 때에 어묵(語黙)의 근본을 깨달으랴
입으로 천 권의 경 외운다고 하여도
본체를 물으면 경으로는 알 수 없네

心裏尋常枯槁
一朝覺本心空
具足眞如不少
聲聞心心斷惑
能斷之心是賊
賊賊遞相除遣
何時了本語黙
口內誦經千卷
體上問經不識

불법의 원통한 이치를 모르기에
공연히 글줄과 먹 자국을 헤아리네
조용한 곳에서 고행으로 수행하여
깨달아 공덕이 있기만을 바라나
구함이 성인 경지 막고 있는 것인데
큰 도를 어떻게 깨달을 수 있으랴
비유컨대 꿈속에서 강물을 건너는데
사공이 강 건너로 건네다 주었으나
잠이 깨어 평상 위에 누워 있단 사실 알면

不解佛法圓通
徒勞尋行數墨
頭陀阿練苦行
希望後身功德
希望即是隔聖
大道何由可得
譬如夢裏度河
船師度過河北
忽覺床上安眠

나룻배도 건넌 일도 모두 자취 없어서
건네준 사공도 강 건넌 나그네도
양쪽이 본래에 형상 아님 알 듯이
중생이 미혹함에 결박이 되어서
삼계에 왕래하기 힘들다고 하지만
생사가 꿈같음을 깨달아 알게 되면
온갖 것을 구하던 마음이 절로 쉬네

失却度船軌則
船師及彼度人
兩箇本不相識
眾生迷倒羈絆
往來三界疲極
覺悟生死如夢
一切求心自息

 토끼뿔

어떻게 해야 불법의 원통한 이치를 통달하겠는가?

구름 사이 햇살이 장관이고
길 좌우엔 벚꽃이 장관이며
동네 어귀 걸굿도 장관일세

9.
깨달아 아는 것이 곧바로 보리이니
근본을 알고 나면 조금도 차별 없네
탄식할 일이로다 곱추 같은 범부여
팔십이 되어도 발을 빼지 못하여
수고로운 일생을 헛되게 보내면서
세월이 흐르는 것 깨닫지를 못하네
향상의 경지에서 보면 스승 입만 바라보며
어미를 잃어버린 아기 같은 모습으로
수도자와 세인이 빽빽이 모여 앉아
종일토록 그의 말을 죽여 들으면서

悟解即是菩提
了本無有階梯
堪歎凡夫傴僂
八十不能跋蹄
徒勞一生虛過
不覺日月遷移
向上看他師口
恰似失妳孩兒
道俗崢嶸聚集
終日聽他死語

자기의 몸 무상함은 보지를 못하여
마음의 탐하는 행이 이리와 범 같다
애달프다, 이승은 소견이 좁으니
오장육부 몸뚱이나 항복받기 위해서
술, 고기, 오신채를 먹지도 아니하고
다른 이가 먹는 것도 못마땅해 한다네
어떤 삿된 미치광이 수행하는 무리는
소금, 초도 먹지 않고 수행한다 하지만
상승(上乘)의 지극히 참됨을 깨달으면
남녀도 분별할 필요조차 없다네

不觀己身無常
心行貪如狼虎
堪嗟二乘狹劣
要須摧伏六府
不食酒肉五辛
邪眼看他飮咀
更有邪行猖狂
修氣不食鹽醋
若悟上乘至眞
不假分別男女

 토끼뿔

어떻게 해야 근본을 알겠는가?

알려는 그 맘까지 비워서
투명한 빈병같이 될 때가
깨닫기 가장 좋은 시절이니
기침한 소리에도 일 마치리
일 마쳐선 얻음 없는 맘으로
날 밝으면 일하고 밤엔 자게

보지(寶誌) 화상의 12시송(十二時頌)

1. 첫 새벽인 인시(寅時)

미친 기틀 그 안에 도인(道人)의 몸 있건만
궁색한 고통으로 무량겁을 지내 와서
언제나 여의주를 지녔음을 믿지 않네
사물을 쫓다 보면 미혹 속에 빠지리니
털끝만한 것이라도 있으면 티끌인데
본래의 상없음에 머물지 못하고
밖으로만 선지식을 구하니 옳지 않네

寶誌和尚十二時頌。平旦寅。
狂機內有道人身
窮苦已經無量劫
不信常擎如意珍
若著[4]物入迷津
但有纖毫即是塵
不住舊時無相貌
外求知識也非真

---

4) 著이 송, 원나라본에는 捉으로 되어 있다.

 토끼뿔

본래의 상 없음에 어찌해야 머물겠는가?

한강은 경기도 서울 질러 흐른다.

2. 해돋이 묘시(卯時)

작용하는 곳에서 잔꾀를 내지 말라
신령한 광명이 유와 무를 비춘대도
뜻 일으켜 마의 일에 흔들림을 만나면
공덕을 베풀어도 끝끝내 못 깨달아
밤낮으로 나와 남의 분별에 억눌리네
함 없는 응함으로 다만 대할 따름이니
그 언제 마음에 번뇌란 게 있었던가

日出卯。
用處不須生善巧
縱使神光照有無
起意便遭魔事撓
若施功終不了
日夜被他人我拗
不用安排只麽從
何曾心地生煩惱

 토끼뿔

어떤 것을 함 없는 응함이라 하는가?

"험"
이러-히 응대하고
응대에 이러-함이니라.

3. 밥 먹을 때인 진시(辰時)

무명(無明)이 본래에 석가의 몸이며
앉고 누움 원래에 도인 줄 모르고
그토록 분주하게 고통을 받는구나
소리와 빛 쫓아서 친소를 찾는다면
남의 집의 더럽혀진 사람일 뿐이니
마음으로 헤아려서 불도를 구한다면
허공에게 물어야 티끌에서 벗어나리

食時辰。
無明本是釋迦身
坐臥不知元是道
只麽忙忙受苦辛
認聲色覓疎親
只是他家染污人
若擬將心求佛道
問取虛空始出塵

 토끼뿔

무명이 본래에 석가란 말
아는 분 몇이나 있을꼬?

최초 원인 아는 분 아니고선
언감생심 뉘라서 장담하랴

지극한 고요로 생긴 광명
그 내력의 비밀이 거기 있네

4. 해가 불끈 솟은 사시(巳時)

깨닫지 못한 이는 가르쳐도 모르네
조사의 말씀을 통달했다 하더라도
마음에 깨달았단 뜻을 두지 말아라
문자에 빠져서 현묘함을 지키려 함
여전히 잘못 안 것이어서 옳지 않네
곧바로 스스로 긍정할 뿐 찾음 없어
광겁에도 마의 지배 만난 적도 없다네

禺中巳。
未了之人教不至
假使[5]通達祖師言
莫向心頭安了義
只守玄沒文字
認著依前還不是
暫時自肯不追尋
曠劫不遭魔境使

---

5) 使가 원나라본에는 饒로 되어 있다.

 토끼뿔

'광겁에도 마의 지배 만난 적도 없다네'에 대해

모르면 어젯밤의 꿈속 것이 환이지만
안 분에겐 자성의 능력을 부림이듯
악마의 지배란 것 본래로 석가로세

5. 한나절인 오시(午時)

사대로 된 몸 안에 값칠 수 없는 보배 있건만
아지랑이 허공 꽃을 버리지 못하고
분별로써 수행하니 더욱더 괴롭네
미혹한 적 없으니 깨달음을 찾지 말고
그대여, 세월의 흐름에 맡겨둬라
형상 있는 몸 안에 형상 없는 몸이 있고
무명의 길 위에 무생(無生)의 길 있다네

日南午。
四大身中無價寶
陽焰空華不肯拋
作意修行轉辛苦
不曾迷莫求悟
任你朝陽幾迴暮
有相身中無相身
無明路上無生路

토끼뿔

옳기는 옳으나 잠꼬댈세.
"험."

캐나다 산천은 희디희고
브라질의 밀림은 푸르도다

6. 해가 기우는 미시(未時)

마음 바탕에 언제 뜻을 둔 적이 있었는가
문자로서 친하거나 멀 것도 없으며
적실한 뜻 구하려고 맘 쓸 것도 없다네
임의대로 자유자재 거리낌이 없으면
인간에 있어도 세상에 산 적 없네
빛과 소리 여의잖고 운용하여 쓰나니
여러 겁에 잠시라도 버린 적이 있었던가

日昳未。
心地何曾安了義
他家文字沒親疎
不用將心[6]求的意
任縱橫絶忌諱
長在人間不居世
運用不離聲色中
歷劫何曾暫拋棄

---

6) 不用將心이 송, 원나라본에는 莫起工夫로 되어 있다.

 토끼뿔

'인간에 있어도 세상에 산 적 없네'에 대해

인간에 있어서도 세상에 산 적 없네
이러-히 오고 가서 안팎 없는 삶인데
이 가운데 분이라곤들 언감생심 할 건가

7. 해가 저무는 신시(申時)

참된 도를 배우려면 가난함을 싫어 말라
형상 있음 본래에 방편으로 쌓은 바고
형상이 없다 한들 그 어찌 참됨이랴
청정코자 하는 것이 도리어 피로하니
어리석게 잘못 알아 가깝다고 하지 말라
말끝에 구함 없고 처소마저 없어야
바로 출가한 사람이라 하리라

晡時申。
學道先須不厭貧
有相本來權積聚
無形何用要安真
作淨潔却勞神
莫認愚癡作近隣
言下不求無處所
暫時喚作出家人

 토끼뿔

어찌해야 출가한 사람 될꼬?

엄지를 세워 보이고

밤하늘은 검고 검다.

8. 해가 지는 유시(酉時)

헛된 환(幻)의 음성은 오래가지 못하네
선열(禪悅)의 진수(珍羞)라도 먹지를 안할건데
더구나 뉘라서 무명의 술 마실건가
버릴 것도 없으며 지킬 것도 없으니
넓고 넓어 소요하나 일찍이 있는 것도 아니네
그대가 많이 들어 고금을 통달했다 해도
또한 이것은 미쳐서 밖으로 치달리는 짓일세

日入酉。
虛幻聲音不長[7]久
禪悅珍羞尚不饕
誰能更飲無明酒
勿[8]可拋勿可[9]守
蕩蕩逍遙不曾有
縱你多聞達古今
也是癡狂外邊走

---

7) 不長이 송, 원나라본에는 終不로 되어 있다.
8) 勿이 송, 원나라본에는 沒로 되어 있다.
9) 勿可가 송, 원나라본에는 無物로 되어 있다.

🐇 토끼뿔

어떤 것이 선열의 진수까지도 먹지 않는 경지인가?

이러-히 응하여서 자재하고
자재히 응하여서 이러-하나
어상 여읨 없는 함이랄까

9. 초저녁 술시(戌時)

미친 이가 공(功) 베풂은 어두운 방 듦이랄까
무량겁에 마음을 통달했다 하여도
지난 겁이 그 어찌 오늘과 다르랴
헤아리고 의심하며 중얼중얼 하면서
마음을 더욱더 어둡힐 뿐이니
밤낮으로 광채 놓아 유무(有無)를 비추면서
어리석은 사람은 바라밀이라 부른걸세

黃昏戌。
狂子施[10]功投暗室
假使心通無量時
歷劫何曾異今日
擬商量却啾唧
轉使心頭黑如漆
晝夜舒光照有無
癡人喚作波羅蜜

---

10) 施가 송, 원나라본에는 興으로 되어 있다.

토끼뿔

허물이 수없으나 원인은 단 하나
모양인 상 본래 없음 밝게 깨달아
그로 인한 분별만 비우면 천연일세

10. 인적이 멈추는 해시(亥時)

용맹정진, 오히려 더디게 만든다
털끝만치 닦으려는 마음 냄도 없어야
형상 없는 광명 속에 언제나 자재해서
석가를 초월하고 조사를 뛰어 넘네
마음에 티끌만 있어도 장애되니
활짝 놓아 길이길이 바보같이 지내나
그 집안의 스스로 있는 통달한 사람만의 사랑일세

人定亥。
勇猛精進成懈怠
不起纖毫修學心
無相光中常自在
超釋迦越祖代
心有微塵還質礙
放蕩長如癡兀人[11]
他家自有通人愛

---

11) 心有微塵還質礙。放蕩長如癡兀人이 송, 원나라본에는 心有微塵還窒閡。廓然無事頓淸閑으로 되어 있다.

 토끼뿔

어떻게 해야 형상 없는 광명 속의 자재일 수 있는가?

달마는 총령에서 신 한 짝 메고 가고
혜초는 천축 다녀 장안으로 왔으며
원효는 당 유학을 비우고서 있었네

11. 한밤중 자시(子時)

마음이 무생에 머물러도 곧 생사라지만
생사란 것 그 어찌 유와 무에 속하랴
쓸 때는 문득 쓰나 문자에도 없는 것이니
조사의 말씀은 격식 밖의 일이네
분별을 취해 일으키면 옳다 하지 못하니
진실로 찾았다는 자취마저 없어야
생사의 마(魔) 마음껏 시험하게 한다네

夜半子。
心住無生即生死
生死何曾屬有無
用時便用無[12]文字
祖師言外邊事
識取起時還不是
作意搜求實沒蹤
生死魔來任相試

---

12) 無가 송. 원나라본에는 沒로 되어 있다.

 토끼뿔

어떤 것이 무생의 실체인가?

알래스카 만년설은 하얗고
브라질 원시림은 파란데
한국가을 하늘은 푸르도다

12. 닭이 우는 축시(丑時)

하나의 둥근 구슬 그 빛이 영원하여
안팎에서 찾아도 찾을 수는 없으나
가없는 자체로 경계마다 활용하네
머리도 없으며 손발도 없으나
세계가 무너져도 이것은 변함없네
깨닫지 못한 이는 이 말을 들었다 하겠지만
그 누가 입이라도 열었다 할 것인가

鷄鳴丑。
一顆圓光[13]明已久
內外推尋覓總無
境上施爲渾大有
不見頭亦[14]無手
世界壞時渠不朽
未了之人聽一言
只這如今誰動口

---

13) 光이 송. 원나라본에는 珠로 되어 있다.
14) 亦이 송. 원나라본에는 又로 되어 있다.

토끼뿔

어떤 것이 하나의 둥근 구슬인가?

설악산 울산바위니라.

지공(誌公) 화상[15]의 14과송(十四科頌)

1. 보리와 번뇌가 둘이 아니다

중생은 도를 닦을 줄 몰라서
번뇌를 끊으려고 하지만
번뇌 본래 공적(空寂)한 것이거늘
도로써 다시 도를 찾는구나
온통인 마음이 곧 이것인데
어찌하여 다른 데서 찾겠는가

誌公和尚十四科頌。菩提煩惱不二。
眾生不解修道
便欲斷除煩惱
煩惱本來空寂
將道更欲覓道
一念之心即是
何須別處尋討

---

15) 앞의 보지(寶誌) 화상과 동인(同人).

큰 도는 다만 눈앞에 있거늘
미혹한 이, 깨닫지 못했을 뿐
불성은 천진한 자연이라
인연도 닦을 것도 없다네
삼독(三毒)이 거짓됨을 모르고
망령되이 생사에 윤회하네
미혹할 땐 늦었다고 했는데
깨달으니 빠른 것도 없다네

大道祇[16]在目前
迷倒愚人不了
佛性天眞自然
亦無因緣修造
不識三毒虛假
妄執浮沈生老
昔時迷日[17]爲晚
今日始覺非早

---

16) 祇가 송, 원나라본에는 曉로 되어 있다.
17) 日이 원나라본의 주에는 一作未로 되어 있다.

 토끼뿔

어떤 것이 눈 앞에 있는 큰 도인가?

나무새가 창공을 날고
돌범은 바닷속을 달리며
옥나비는 꽃 위서 춤을 추네

2. 지키고 범함이 둘이 아니다

장부는 운용함에 걸림 없어
계율에 구애받지 않는다네
지키고 범함이 본래 남[生]이 없거늘
어리석은 이는 그 속에서 속박받네
지혜로운 이의 지음은 다 공함에서 지음이고
성문(聲聞)은 닿는 대로 막힌다네
대사(大士)는 육안(肉眼)으로도 원통하나
이승은 천안(天眼)으로도 가려진 것 있어서

持犯不二。
丈夫運用無礙
不爲戒律所制
持犯本自無生
愚人被他禁繫
智者造作皆空
聲聞觸途爲滯
大士肉眼圓通
二乘天眼有翳

공한 데서 유와 무에 집착하여
물질 마음 걸림 없음 모른다네
보살은 속인과 살아도
청정하여 물들지 않으며
미혹한 이, 열반을 탐내지만
지혜로운 이는 나고 죽음마저도 실제(實際)라
법성은 공하다 할 것마저 없어
인연이 일어남을 다스릴 것도 없다네
백세라도 지혜가 없으면 아이요
아이라도 지혜로우면 백세일세

空中妄執有無
不達色心無礙
菩薩與俗同居
淸淨曾無染世
愚人貪著涅槃
智者生死實際
法性空無言說
緣起略無人子
百歲無智小兒
小兒有智百歲

 토끼뿔

어찌해야 지키고 범함이 무생이겠는가?

입으로 대천계를 삼켜서
그림자 없는 걸음 활보하며
구류를 구제하는 삶이로세

3. 부처와 중생이 둘이 아니다

부처와 중생이 다름없고
큰 지혜와 어리석음 다르잖네
어찌 밖을 향해 보배를 구하랴
몸 밭에 스스로 밝은 구슬 있다네
정도(正道)와 사도(邪道)가 둘 아니니
깨달으면 범부와 성인이 같다네
미혹과 깨달음이 본래 차별 없고
열반과 생사가 한결같네

佛與眾生不二。
眾生與佛無殊
大智不異於愚
何須向外求寶
身田自有明珠
正道邪道不二
了知凡聖同途
迷悟本無差別
涅槃生死一如

구경에는 반연(攀緣)이란 공적하여
뜻과 생각 허공과도 같으니
한 법도 얻을 것이 없으면
이러-히 남음 없는 바탕에 드네

究竟攀緣空寂
惟求意想清虛
無有一法可得
翛然自入無餘

토끼뿔

어찌해야 부처와 중생이 둘 아니겠는가?

그 말머리에 자명하다.

4. 이변과 사변이 둘이 아니다

심왕(心王)은 이러-히 자재하고
법성은 본래부터 얽힘 없네
모든 것 불사(佛事) 아님 없는데
무슨 생각 거두어 좌선하랴
망상이 본래에 공적하니
끊어야 할 반연이 없다네
지혜로운 이 얻을 맘도 없어서
자연히 다툼도 없다네

事理不二。
心王自在翛然
法性本無十纏
一切無非佛事
何須攝念坐禪
妄想本來空寂
不用斷除攀緣
智者無心可得
自然無爭無喧

함이 없는 대도를 모르고야
언제 깊고 현묘함을 증득하랴
부처 중생 근본이 같으니
중생이란 그대로 부처일세
범부는 허망하게 분별 내어
없는 가운데 있다고 집착해 어지럽네
탐심 진심 공적함을 요달하면
어느 곳이 진리의 문 아니겠나

不識無爲大道
何時得證幽玄
佛與眾生一種
眾生即是世尊
凡夫妄生分別
無中執有迷奔
了達貪瞋空寂
何處不是真門

 토끼뿔

어찌해야 불사 아님이 없겠는가?

질문하는 자도 있구나.

5. 고요함과 시끄러움이 둘이 아니다

성문은 소란 피해 고요함을 구하니
마치 밀가루를 버리고 떡 찾는 것과 같네
떡은 본래 밀가루로 만드는 것이니
사람의 손에 따라 백 가지로 변하네
번뇌라고 하는 것이 곧바로 보리이니
무심이면 경계라고 할 것도 없다네
생사가 열반과 다르지 않으니
탐진치도 아지랑이 그림자와 같다네

靜亂不二。
聲聞厭喧求靜
猶如棄麪求餅
餠卽從來是麪
造作隨人百變
煩惱卽是菩提
無心卽是無境
生死不異涅槃
貪瞋如焰如影

지혜로운 이, 부처를 구할 맘도 없거늘
미혹한 이, 삿됨과 바름에 집착하네
수고롭게 일생을 헛되이 보내다가
여래의 신묘한 정수리를 못 보네
음욕의 성품이 공한 줄을 요달하면
확탕노탄(鑊湯鑪炭) 지옥도 저절로 서늘하네

智者無心求佛
愚人執邪執正
徒勞空過一生
不見如來妙頂
了達婬慾性空
鑊湯鑪炭自冷

 토끼뿔

어떤 것이 고요함과 시끄러움이 둘 아닌 경지인가?

바람에 굴러가는 낙엽도 이른다.

6. 선과 악이 둘이 아니다

스스로의 몸과 맘이 곧바로 극락이니
이러-히 선도 없고 악도 없다네
법신이 자재하여 방위가 없으니
눈에 띈 것 정각(正覺)이 아닌 것 없다네
육진(六塵)이라 하는 것 본래에 공적커늘
범부가 허망하게 집착을 내는구나
열반과 생사가 다르잖아 평등한데
사해(四海)에서 그 누가 귀천을 가리랴

善惡不二。
我自身心快樂
翛然無善無惡
法身自在無方
觸目無非正覺
六塵本來空寂
凡夫妄生執著
涅槃生死平等
四海阿誰厚薄

함이 없는 대도는 스스로 이러-하니
마음으로 헤아릴 필요가 없다네
보살은 한가히 영통(靈通)함을 나투어
하는 일 언제나 묘각(妙覺)을 머금지만
성문은 법에 집착하여 좌선을 하나니
누에가 실을 토해 결박하듯 하는구나
법성은 본래에 두렷하고 밝으니
병 없으면 그 어찌 약인들 필요하랴
깨달아 모든 법이 평등한 줄 알게 되면
이러-히 청정한 극락을 누리리라

無爲大道自然
不用將心晝度
菩薩散誕靈通
所作常含妙覺
聲聞執法坐禪
如蠶吐絲自縛
法性本來圓明
病愈何須執藥
了知諸法平等
翛然淸虛快樂

토끼뿔

어떤 것이 선과 악이 둘 아닌 경지인가?

천지연은 가뭄에도 마르지 않는다.

7. 색과 공이 둘이 아니다

법성엔 푸르고 누름이 없거늘
중생들이 공연히 문장(文章)을 짓는구나
내가 나인데 그 밖의 지관(止觀)을 말하니
자기 뜻에 요동하여 미쳐서 날뜀일세
두렷이 통달한 묘한 이치 모르고야
어느 때에 참다운 항상함을 알리오
자기 병도 고치지 못하는 주제에
도리어 남에게 약 처방을 주다니

色空不二。
法性本無靑黃
眾生謾造文章
吾我說他止觀
自意擾擾顚狂
不識圓通妙理
何時得會眞常
自疾不能治療
却敎他人藥方

겉으로 보기에는 착한 것 같지만
속마음은 여전히 이리떼와 같다네
어리석은 사람은 지옥을 겁내지만
지혜로운 이에게는 천당과 다름없네
경계 대해 마음에 일어남이 없으면
발 닿는 곳마다 모두가 도량이리
부처와 중생이 본래 둘이 아니건만
중생이 스스로 한계를 긋는구나
만일에 삼독을 제하고자 한다면
아득하여 재앙을 여의지 못할 걸세

外看將爲是善
心內猶若豺狼
愚人畏其地獄
智者不異天堂
對境心常不起
擧足皆是道場
佛與眾生不二
眾生自作分張
若欲除却三毒
迢迢不離災殃

지혜로운 이, 마음이 곧 부처인 줄 알지만
어리석은 이, 극락에 가기만을 즐기네

智者知心是佛
愚人樂往西方

 토끼뿔

어떤 것이 색과 공이 둘 아닌 경지인가?

실버들이 바람 안고 춤을 춘다.

8. 나고 죽음이 둘이 아니다

세간의 모든 법이 허깨비와 같나니
생사라고 하는 것 번개와도 같다네
법신은 자재하고 두렷이 통하여
산과 강 오고 가나 간격이 없다네
뒤바뀐 망상이 본래에 공한 거고
반야엔 미혹도 산란도 없다네
삼독이라 하지만 본래부터 해탈인데
어찌 생각을 거둬 선관(禪觀)이라 하랴

生死不二。
世間諸法如幻
生死猶若雷電
法身自在圓通
出入山河無間
顚倒妄想本空
般若無迷無亂
三毒本自解脫
何須攝念禪觀

어리석은 이 깨닫지 못하였기 때문에
계율에 의지하여 결단하려 한다네
적멸(寂滅)의 참다운 진여를 모르고야
어느 때에 피안에 이르름을 얻으랴
지혜로운 이라면 끊을 악도 없어서
마음대로 거두고 펴기를 운용하네
법의 성품은 본래에 공적하여
생사의 얽매임을 받음이 없으니
만일에 번뇌를 끊으려 한다면
이를 일러 무명 속의 바보라 할 걸세

只爲愚人不了
從他戒律決斷
不識寂滅真如
何時得登彼岸
智者無惡可斷
運用隨心合散
法性本來空寂
不爲生死所絆
若欲斷除煩惱
此是無明癡漢

번뇌라고 하지만 그대로 보리거늘
어떻게 따로 선의 관법 구하랴
실제(實際)에는 부처와 악마도 없으니
마음의 본체에는 형상이 없는 걸세

煩惱即是菩提
何用別求禪觀
實際無佛無魔
心體無形無段

토끼뿔

어떤 것이 나고 죽음이 둘 아닌 경지인가?

그믐밤은 달이 없다.

9. 끊음과 펼침이 둘이 아니다

장부는 당당하게 운용하여 쓰나니
한가로이 자재하여 방해로움이 없다네
일체의 모든 것이 해치지 못하니
굳세고 단단하기 금강과도 같다네
두 끝과 중도(中道)에도 집착함 없어서
이러-히 끊어짐도 항상함도 아니라네
오욕과 탐진치마저도 부처이며
지옥과 천당이 다른 것 아니라네

斷叙不二。
丈夫運用堂堂
逍遙自在無妨
一切不能爲害
堅固猶若金剛
不著二邊中道
翛然非斷非常
五欲貪瞋是佛
地獄不異天堂

미혹한 이, 허망하게 분별을 내어서
미친 듯이 생사에 헤매는 것이네
지혜로운 이, 통달하여 색에 걸림 없건만
성문은 혼란하여 두려움이 없지 않네
법성은 본래에 가릴 티끌 없거늘
중생이 허망하게 푸르고 노랗다 집착하네
여래께서 어리석은 이, 인도하기 위해서
지옥과 천당을 말했을 뿐이니
미륵이 몸 안에 스스로 있거늘
어찌하여 다른 곳을 생각하여 구하는가

愚人妄生分別
流浪生死猖狂
智者達色無礙
聲聞無不恛惶
法性本無瑕翳
眾生妄執青黃
如來引接迷愚
或說地獄天堂
彌勒身中自有
何須別處思量

진여의 불상(佛像)을 스스로 내버리니
이 같은 사람을 미친 이라 할 걸세
성문은 마음을 깨닫지를 못하여서
오로지 말끝만을 뒤쫓아 다니지만
말과 글은 원래부터 참 도가 아닌데
더더욱 논쟁하는 잘못만 더하니
마음속에 숨어있는 수많은 독한 뱀이
쏠 때마다 사람을 상하게 하듯 하네
글 속에서 바른 뜻을 취할 줄 모르니
어느 때에 참다운 항상함을 알리오

棄却眞如佛像
此人卽是顚狂
聲聞心中不了
唯只趁逐言章
言章本非眞道
轉加鬪爭剛强
心裏蚖蛇蝮蝎
螫著便卽遭傷
不解文中取義
何時得會眞常

죽어서 무간지옥 나락에 떨어져
심신의 고통을 영원히 받으리라

死入無間地獄
神識枉受災殃

토끼뿔

"끊음과 펼침이 둘이 아닌 도리를 보여 주십시오." 한다면

대원은 "어디서 말하는가?" 하리라.

10. 참과 속됨이 둘이 아니다

법사의 설법이 번지르르 하지만
마음속의 번뇌를 여의지 못하였네
입으로 문자 말해 남들을 가르치나
더욱더 그의 생사 더하게 할 뿐이네
참됨과 망령됨이 원래 둘이 아닌데
망령됨을 버리고 도 찾는 이, 범부로세
사부대중 모여서 강론을 듣지만
높은 자리 앉아서 끝없이 논할 뿐

真俗不二。
法師說法極好
心中不離煩惱
口談文字化他
轉更增他生老
真妄本來不二
凡夫棄妄覓道
四眾雲集聽講
高座論義浩浩

남쪽자리 북쪽자리 서로가 다투는데
사부대중 잘한다고 칭찬을 하는구나
입으로는 감로와 같은 말을 하지만
마음속은 언제나 바짝 말라 있구나
자기에겐 본래부터 한 푼도 없으면서
밤낮으로 남의 보배 세는 격일 뿐이니
그건 마치 어리석기 짝이 없는 바보가
순금을 버리고서 풀을 짐과 같다네
마음속의 삼독을 버리지 않고서
어느 때에 참 도를 얻으려고 하는가

南座北座相爭
四眾為言為好
雖然口談甘露
心裏尋常枯燥
自己元無一錢
日夜數他珍寶
恰似無智愚人
棄却真金擔草
心中三毒不捨
未審何時得道

토끼뿔

어떤 것이 참과 속됨이 둘 아닌 도리인가?

냄비에 끓는 물소리니라.

11. 해탈과 속박이 둘이 아니다

율사는 계율로 자신을 속박하고
자신뿐만 아니라 다른 이도 속박하네
겉으로는 위의 보여 점잖은 척 행동하나
마음속은 거친 파도와도 같다네
생사의 물결에서 나룻배를 안 탄다면
어떻게 애욕의 강 건널 수 있으랴
참 종지의 바른 이치 알지를 못한다면
삿된 소견 말들만 더욱더 많아지리

解縛不二。
律師持律自縛
自縛亦能縛他
外作威儀恬靜
心內恰似洪波
不駕生死船筏
如何渡得愛河
不解真宗正理
邪見言辭繁多

두 명의 비구가 계율을 범하고서
우바리 존자[18]에게 찾아가 물으니
우바리는 엄격히 율법대로 죄를 말해
두 명의 비구를 더욱더 괴롭혔네
그러나 방장(方丈)의 큰 거사 유마힐이
오히려 우바리 존자를 꾸짖으니
우바리 존자는 대답을 못 하였고
유마힐은 허물이 없다 하며 설법하길
계율의 성품이 허공과도 같아서

有二比丘犯律
便却往問優波
優波依律說罪
轉增比丘網羅
方丈室中居士
維摩便即來訶
優波默然無對
淨名說法無過
而彼戒性如空

---

18) 우바리 존자 : 부처님 당시 십대 제자 중 한 분. 계율을 지키는데 제일이어서 지계제일이라 한다.

안팎 있는 사바세계 있지도 않다 하니
생멸을 없애라는 방편에도 속잖아야
홀연히 부처님과 더불어 누리리라

不在內外娑婆
勸除生滅不肯
忽悟還同釋迦

토끼뿔

해탈과 속박이 둘 아닌 경지란 어떤 것인가?

총령의 짚신 한 짝이니라.

12. 경계와 비춤(照)이 둘이 아니다

무명 여읨 체득한 선사에게
번뇌가 어디서 일어나랴
지옥과 천당이 한 바탕이고
생사와 열반이 헛이름일세
끊어야 할 탐진치도 없으며
이뤄야 할 불도도 없다네
중생과 부처가 평등하니
이러-한 성인 지혜 또렷하여

境照不二。
禪師體離無明
煩惱從何處生
地獄天堂一相
涅槃生死空名
亦無貪瞋可斷
亦無佛道可成
眾生與佛平等
自然聖智惺惺

여섯 가지 티끌에 물들잖아
구절마다 무생에 계합 되네
온통인 생각에 부사의함 바로 깨달으면
삼세가 한 몸이라 평등하리
법과 율 없이도 다스려가
이러-한 진인(眞人)으로 원만하여
모든 허물 여의어서 허공같아
지음〔作〕도 의지함도 없다네

不爲六塵所染

句句獨契無生

正覺一念玄解

三世坦然皆平

非法非律自制

翛然眞人圓成

絶此四句百非

如空無作無依

 토끼뿔

어떤 것이 경계와 비춤이 둘 아닌 도리인가?

마조 발밑에서 일어나 짓는 수로의 웃음이니라.

13. 운용(運用)에 걸림 없다

나는 이제 도도(滔滔)히 자재하여
왕공과 재상도 부럽잖네
언제나 금강같이 변치 않아
고락에 항상 마음 변함 없네
법보(法寶)는 수미산에 비유하고
지혜는 바다보다 넓다네
팔풍(八風)에 끌림도 없으며
정진도 게으름도 없다네

運用無礙。
我今滔滔自在
不羨公王卿宰
四時猶若金剛
苦樂心常不改
法寶喻於須彌
智慧廣於江海
不爲八風所牽
亦無精進懈怠

뜨고 잠김 성품에 맡겨서
막힘없이 천하를 종횡하네
시퍼런 칼날이 목 노려도
스스로 태연하여 까딱 않네

任性浮沈若顚
散誕縱橫自在
遮莫刀劍臨頭
我自安然不采

 토끼뿔

어떻게 해야 운용에 걸림이 없겠는가?

"험."
찻잔이 내 앞질러 누설했다.

14. 미혹과 깨달음이 둘이 아니다

미혹할 땐 공(空)인 것을 색(色)으로 생각하고
깨달으면 색이 곧 공이라고 한다지만
미혹과 깨달음이 본래 차별 없어서
색과 공 구경에는 다른 것이 아니네
미혹한 이, 남쪽과 북쪽을 따지지만
지혜로운 이, 동서가 없음에 사무치네
여래의 묘한 진리 찾고자 하는가
언제나 온통인 생각 중에 있다네

迷悟不二。
迷時以空爲色
悟卽以色爲空
迷悟本無差別
色空究竟還同
愚人喚南作北
智者達無西東
欲覓如來妙理
常在一念之中

신기루가 본래에 마실 물이 아닌데
목마른 사슴이 미친 듯 바삐 쫓듯
몸이란 것 허망하여 진실치 않거늘
허공에서 또다시 허공을 찾듯 하네
세상 모든 사람들은 미혹이 깊어서
우레 소리 따라서 개가 짖듯 하는구나

陽焰本非其水
渴鹿狂趁忽忽
自身虛假不實
將空更欲覓空
世人迷倒至甚
如犬吠雷吅吅

📎 토끼뿔

어찌해야 미혹과 깨달음이 둘 아니겠는가?

육육은 삼십육일세.

귀종(歸宗) 지상(智常) 지진(至眞) 선사의 게송 1수

귀종에겐 이변이니 사변이니 없어서
하늘의 해 한낮에 이른 것 같다네
스스로 자재함이 사자와도 같아서
그 어떠한 물건도 얼씬하지 못하네
홀로이 네 산의 정수리를 거닐고
세 갈래의 큰길을 유유자적 한다네
하품만 하여도 나는 새가 떨어지고
찡그리기만 해도 뭇 짐승 놀라네

歸宗至眞禪師智常頌一首。
歸宗事理絕
日輪正當午
自在如獅子
不與物依怙
獨步四山頂
優游三大路
欠呿飛禽墜
嚬呻眾邪怖

기틀 세워 화살처럼 나아가 이르러
그림자 없는 손이어서 덮을 수 없으나
베풀어 펼침이 장인의 재주이고
끊어서 다함에 자로 재어 벤 듯하네
공교롭게 만 가지 이름에 통하여
귀종은 바탕과 같음을 영위하네
말하고 잠잠함에 소리가 끊어졌고
종지가 묘하니 망정이랄 것도 없네
이 눈은 버린다 하나 귀머거리 같으며
이 귀는 취한다 하나 소경과 같다네

機竪箭易及
影沒手難覆
施張若工伎
裁剪如尺度
巧鏤萬般名
歸宗還似土
語默音聲絶
旨妙情難措
棄箇眼還聾
取箇耳還瞽

한 화살로 세 과녁을 꿰뚫어 마쳤으니
분명하고 분명하게 일 마친 길이로세
하늘보다 먼저인 마음의 바탕이니
대장부의 이웃이라고나 할까

一鏃破三關
分明箭後路
可憐大丈夫
先天爲心祖[19]

---

19) 원나라본에는 '體字函涅槃經二十七卷眞師子王晨朝出穴嚬呻欠呿'라는 주가 있다.

토끼뿔

지진이여 옳다고 하겠으나
흉터 아직 심하니 어쩌뇨
운문의 똥막대가 서 있다

향엄(香嚴) 습등(襲燈) 대사 지한(智閑)의 게송 19수

1. 가리켜 주다

신령하게 뛰어난 옛사람의 가풍을
어진 자손 비밀히 간직해 두었네
이 한 문이 효도를 이루는 것이니
깨닫지 못하여 그르치지 말아라
그 뜻을 견고히 해 의심을 버려서
안정을 얻으면 위태롭지 않으리

香嚴襲燈大師智閑頌十九首。授指。
古人骨多靈異
賢子孫密安置
此一門成孝義
人未達莫差池
須志固遣狐疑
得安靜不傾危

향하면 멀어지고 구하면 떠나가며
취하려면 급해지고 버리려면 더뎌진다
깨달았단 앎도 잊어 계교가 없으니
중생의 알음알이라는 것 고금에 거짓일세
한 찰나 사이에 신통변화 뛰어나
차아산(嵯峨山) 돌과 돌이 부딪친 불기운이
깊은 데서 일어나 정상까지 태우고
막힘없어 바다 밑 바닥까지 사르네
법의 그물 치우니 신령한 불 세밀해서
6월에 옷을 벗고 누운 것과 같다네

向卽遠求卽離
取卽急失卽遲
無計校忘覺知
濁流識今古僞
一刹那通變異
嵯峨山石火氣
內裏發焚巓山
無遮欄燒海底
法網疎靈焰細
六月臥去衣被

가린 것 없어서 거짓이 없으니
도인은 조사의 뜻 늘 외치고 있다네
우리 스승 종지라 함도 옛부터 꺼리니
오로지 이러-한 이라야 잘 지니니라
법의 재물 구족했다함도 부끄러워 할 줄 알아
헛되이 베풂 없이 쓰는 곳에 분명하여
누군가가 물으면 꾸짖지도 않으며
다시 또 물을 때는 '쌀이 귀하다' 하네

蓋不得無假僞
達道人唱祖意
我師宗古來諱
唯此人善安置
足法財具慚愧
不虛施用處諦
有人問少呵氣
更審來說米貴

 토끼뿔

쌀이 귀하단 그 뜻을 알고픈가?

삼월하순 보리밭 푸르르고
맑은 하늘 흰구름 한가한데
움머어 새끼 찾는 소리 있네

2. 마지막 말

한마디 말이 있어 규범이 온전하니
헤아림을 허락 않네 생각을 쉬어라
길에서 도 아는 사람을 만나면
눈썹만 깜빡여도 깨달음을 드날리네
가림 없이 드러난 걸 의심하여 생각하나
생각하는 놈을 보라 나뉨 없는 그것이네
일생에 참구한 일 이루지 못했다면
은근히 전단나무 안아서 보이리라

最後語。
有一語全規矩
休思惟不自許
路逢達道人
揚眉省來處
蹋不著多疑慮
却思看帶伴侶
一生參學事無成
勲慇抱得栴檀樹

 토끼뿔

전단나무 안아 보임 알고픈가?

달마는 총령 고개 넘어가고
한하운은 황토 고개 넘는데
서산의 노을빛은 비단일세

3. 통달한 현묘함을 최대부(崔大夫)에게 주다

통달한 이, 숨기고 드러냄이 다양해서
형상과 거동으로 드러냄에 정함 없네
언하(言下)에 자취마저 흔적이 없는데
밀밀히 그윽하게 보호해 지녀서
얼굴을 움직임에 옛길을 드날려
밝고도 묘함을 가지런히 알게 하나
물건에 응하여 다만 베풀 뿐이니
부사의 하다고도 말하지 말아라

暢玄與崔大夫。
達人多隱顯
不定露形儀
語下不遺迹
密密潛護持
動容揚古路
明妙乃方知
應物但施設
莫道不思議

 토끼뿔

통달한 현묘함을 알고픈가?

해골물에 원효는 구토하고
구름 속에 든 달 안 나오는데
사자 소리 어둠을 찢는구나

4. 통달한 도량(道場)을 성음행자(城陰行者)에게 주다

이치가 심오하여 사량이 끊겼으니
근원을 찾는다면 지름길과 멀어지리
이로 인해 더욱더 지혜와 멀어지니
그 어찌 경계에 가려짐 아니겠나
모름지기 특별하게 통달한 사람은
앉고 서나 깨달음의 덕화가 퍼져서
본래에 청정한 여래라 하나니
편안히 도량에 앉아 있는 이일세

達道場與城陰行者。
理奧絕思量
根尋徑路長
因茲知隔闊
無那被封疆
人生須特達
起坐覺馨香
淸淨如來子
安然坐道場

 토끼뿔

통달한 도량을 알고픈가?

코끝에 떨어진 눈 차디차고
따뜻한 한 잔의 차 포근하며
공양의 목탁 소리 들려 온다

5. 설판관(薛判官)에게 주다

한 방울의 물이나 한 무더기 불이라도
마셨다 하면 취함이요, 쪼였다 하면 쇠함이라 하나
마심도 없으며 쪼임도 없어서
더구나 편안히 쉰다함도 없다네
활이며 화살까지 꺾어서 버리고
살받이도 걷어차 쓰러뜨려 버리네
누군가가 이것을 알고자 한다면
그 이전에 갈고리를 버리라 하노라
사람들에게 묻노니 나는 누구인가
속히 이르라, 속히 일러

與薛判官。
一滴滴水一焰焰火
飲水人醉向火人老
不飲不向無復安臥
拗折弓箭蹋倒射垛
若人要知先去鉤錐
人須問我我是阿誰
快道快道

 토끼뿔

'나는 누구인가' 했는가?

나 누구냐 이 무슨 망발인고
구름 나온 휘영청 밝은 달빛
산천에 아름답게 깔렸네

6. 임유현(臨濡縣)의 행자에게 주다

장부여 딱하여라, 오랫동안 티끌에 묻혔구나
내가 오늘 산으로 들어오는 길목에
눈썹을 깜짝여 눈뜨게 했으니
노승의 수단 가풍, 서재 앞 대종이다
말 아래 뜻 있으니 새장을 벗어나게

與臨濡縣行者。
丈夫咄哉久被塵埋
我因今日得入山來
揚眉示我因茲眼開
老僧手風書處龍鍾
語下有意的出樊籠

 토끼뿔

'노승의 수단 가풍, 서재 앞 대종이다' 한 뜻 알고픈가?

토끼뿔 지팡이로 노파는 징검다리 건너고
거북털 허리띠한 장정은 외나무다리 간데
천녀들은 무지개다리 위서 춤추며 노래하네

7. 종지를 드러내다

무궁하고 신령한 사유(思惟)와 깊은 거동
근본의 마음으로 원활히 행함이라
보고 들음 그림자와 형상을 여의어
비밀한 경지인 옛 분 행적 보임이네
참뜻을 깨달아 티끌 속에 묘하고
기틀에 맞추어 도의 모습 드러내네
뛰어나게 깨달아 밝게 비춤 간직하면
가히 참 종지를 통달했다 긍정하리

顯旨。
思遠神儀奧
精虛履踐通
見聞離影像
密際語前蹤
得意塵中妙
投機露道容
藏明照警覺
肯可達眞宗

토끼뿔

얼굴에 철면을 둘러쓰고

종지를 드러내어 보이랴

옥기린 다리 위를 달린다

8. 삼구(三句) 뒤의 뜻

글이나 말 헛됨이 많으니
헛됨에는 있고 없음 있다네
그러므로 글자 이전 알아서
뜻대로 여의주를 자재하라

三句後意。
書出語多虛
虛中帶有無
却向書前會
放却意中珠

 토끼뿔

삼구니 앞뒤니 이 무슨 짓인고.?

천룡은 한 손가락 세웠고
덕산은 한 방망이 쳤으며
임제는 허공 찢는 할을 했네

9. 정랑중(鄭郎中)의 물음에 답한 2수

1.
말로서 자취마저 없애어
음성 이전 얼굴을 드러내
당장에 묘함을 깨닫게 하여
옛사람과 다르잖는 가풍이네
메아리처럼 기틀에 응하면
나와 남의 근본이 따로 없어
큰 뱀을 소리쳐 일으켜
용이 되어 달리게 하듯 하네

答鄭郎中問二首。
語中埋迹聲前露容
即時妙會古人同風
響應機宜無自他宗
訶起驁蟒奮迅成龍

2.
말에 심줄과 뼈를 묻어
음성으로 도의 모습 물들이니
당장에 묘함을 깨닫게도 하고
손뼉 쳐 못된 용을 따르게도 하네

語裏埋筋骨
音聲染道容
即時才妙會
拍手趁乖龍

 토끼뿔

조종의 가풍은 심히 묘해
말로써 말 밖에 도리 보여
근기 따라 중생을 구제하네

10. 도를 이야기하다

분명하고 분명하여 나뉨이 없으니
온통인 운용이거늘 무엇에 의존하리
길에서 도 깨달은 사람을 만나거든
말이나 침묵으로 대하지 말아라

譚道。
的的無兼帶
獨運何依賴
路逢達道人
莫將語默對

토끼뿔

이 무슨 당치 않는 말씀일꼬
길에서 도인을 만난다면
말이나 침묵들이 다 통하네

11. 현기(玄機)라는 학인에게 주다

묘한 종지 재빠른 것이어서
말로써 이르려면 벌써 늦네
말을 쫓아 알려고 하자마자
신기로운 기틀이 미혹 되네
눈 깜박여 물음에 대신하고
마주 대해 기쁘고 즐거우니
이것이 어떠한 경계인가
도가 같은 이라야 알 수 있네

與學人玄機。
妙旨迅速言說來遲
纔隨語會迷却神機
揚眉當問對面熙怡
是何境界同道方知

 토끼뿔

옳기는 옳으나
아차차!
떨쳐 일어나 방장으로 가다

12. 밝은 도

생각마다 자취가 있다 하나
밝고 밝아 처소를 알 수 없네
객이 종지 보여 달라 묻는다면
서서히 고개를 돌리리라

明道。
思思似有蹤
明明不知處
借問示宗賓
徐徐暗迴顧

토끼뿔

그 누가 종지를 묻는다면
그 눈 왜 붙이고 다니기에
만나는 것들마다 보여 줬거늘…
귀는 왜 달고 다니기에
곳곳에 일러 주었거늘…
구걸할 걸 구걸하지…

13. 현묘한 종지

간다는 감 표적이랄 것이 없고
온다는 옴 이러-히 옴이라서
만약에 누군가가 묻는다면
말없이 웃기만 할 뿐이네

玄旨。
去去無標的
來來只麽來
有人相借問
不語笑哈哈

토끼뿔

이 웃음을 알고픈가
이 법계를 머금어서
근원차이 없는 이일세

14. 등주(鄧州)의 행자에게 주다

숲속에서 어리석은 자신을 깨달으니
마음의 구슬은 인연에 묶임 없네
입을 열어 말하지만 말한 적이 없으며
붓을 들어 썼다 하나 쓴 적이 없으니
누군가가 향엄의 종지를 묻거든
산에서 산다고도 말하지 말아라

與鄧州行者。
林下覺身愚
緣不帶心珠
開口無言說
筆頭無可書
人問香嚴旨
莫道在山居

토끼뿔

이분의 도량을 일러 보랴
이분의 도량을 제하고서
한 치 없다 쾌종이 일러 주네

15. 세 경지라는 것마저 초월한 후

삼문(三門) 앞에서 합장하고
마루 밑에서 도 행하며
뜰 가운데서 춤을 추고
뒷문 밖에서 고개를 젓네

三跳後。
三門前合掌
兩廊下行道
中庭上作舞
後門外搖頭

 토끼뿔

어디가 앞이던고?

16. 상근기

딱하여라, 그르치지 말아라
단박에 이렇거늘 못 깨닫네
비어있는 곳에서 말하니
용이 온통 드러남에 놀라네
속삭이고 소리쳐 부름에
이름 모양 묘하게 끊어졌네
높고 높은 수도자의 무리여
헤쳐서 드러낼 것도 없네

上根。
咄哉莫錯頓爾無覺
空處發言龍驚一著
小語呼召妙絶名貌
巍巍道流無可披剝

토끼뿔

옳고도 옳은 말이 이런 걸세
손인들 내릴 곳이 있던가
따뜻한 녹차 한 잔 드소서

17. 법신이란 소견을 깨뜨리다

위로는 부모가 없으며
아래로는 남녀가 없다네
스스로 온통인 몸임을
반드시 알아야 한다네
이런 말 하는 것을 들으면
사람마다 앞 다투어 취하나
그를 대한 이 사람의 일구(一句)에는
말없다는 말조차 없다네

破法身見。
向上無爺孃
向下無男女
獨自一箇身
切須了却去
聞我有此言
人人競來取
對他一句子
不話無言語

토끼뿔

옳기는 옳으나
덕산의 방망이는
면하긴 어려웁네

18. 외다리(獨脚)

새끼도 쪼았으며 어미도 쪼았으나
모자가 깨어 부순 그 껍질 없음이여
어미니 새끼니 할 것도 다 없으나
인연을 응함에 그르침이 없다네
도가 같은 사람끼리 서로 주고받음이여
묘함을 그대에게 말하랴, 외다릴세

獨脚。
子啐母啄子覺無㲉
母子俱亡應緣不錯
同道唱和妙云獨脚

 토끼뿔

외다리란 그 도리 알고픈가?

벽과 비밀 모두를 부숴버린
청천의 벽력같은 그 보임을
굴러가는 낙엽이 누설 하네

동산(洞山) 화상 양개(良价)의 게송 1수

무심으로 도에 계합하다

도는 무심으로 사람에 계합하고
사람은 무심으로 도에 계합하네
그 속의 뜻 무엇인지 알고자 하는가
하나는 늙는데 하나는 늙지 않네

洞山和尙良价頌一首。無心合道。
道無心合人
人無心合道
欲識箇中意
一老一不老

 토끼뿔

늙느니 안 늙느니 말에 떨어지지 말게
칼로써 목숨 뺏는 그보다도 무서움이
퍼렇게 있단 것을 알아야 할 것일세

용아(龍牙) 화상 거둔(居遁)의 게송 18수

1.
용아산(龍牙山)속에 사는 용 한 마리 보게나
형상은 세간의 빛깔이 아니네
세상에 교묘하단 용 그리는 이들이
그리려고 하여도 그리지 못하네
오로지 이 용을 알고 있는 사람들만
척 보고 그대로 마음을 쉰다네

龍牙和尚居遁頌十八首。
龍牙山裏龍
形非世間色
世上畫龍人
巧巧描不得
唯有識龍人
一見便心息

2.
문 앞의 한 그루 나무만을 생각하여
나는 새들 모두 다 깃들게 한다네
오는 자를 무심으로 맞이할 뿐이니
초월한 몸 따르기도 바라지 않는다네
어떤 이의 마음이 나무와 같으면
그 마음 도와 다르지 않을 걸세

唯念門前樹
能容鳥泊飛
來者無心喚
騰身不慕歸
若人心似樹
與道不相違

3.
깨달으면 무심인 그대로가 도의 뜻
여섯 문 모두 쉬어 아무런 수고 없네
인연이 있다면 나의 벗이 아니니
쓸모없는 두 눈썹 도리어 형제일세

4.
깨달으면 깨닫기 전과도 같으니
이기고 지는데 무심해져 편안하네
옛부터 큰스님들 빈도(貧道)라 자칭하니
이 문중 향하는 이 몇이나 있을까

一得無心便道情
六門休歇不勞形
有緣不是余朋友
無用雙眉却弟兄

悟了還同未悟人
無心勝負自安神
從前古德稱貧道
向此門中有幾人

5.
도 배움은 깨달음이 우선이라 하지만
빠른 배에 표시를 하려는 것과 같네
아무리 옛 궁전인 빈터에 있다 해도
마쳤다는 것마저 던져야 바로 쉬리

6.
마음 공함, 도 공함만 못하다고 하지만
도와 마음 공함 모습이 같다네
현묘함을 배워도 도 공하지 못한다면
일생 동안 만나도 알아보지 못하네

學道先須有悟由
還如曾鬪快龍舟
雖然舊閣於空地
一度贏[20]來方始休

心空不及道空安
道與心空狀一般
參玄不是道空士
一生[21]相逢不易看

---

20) 贏이 원나라본에는 嬴으로 되어 있다.
21) 生이 송, 원, 명나라본에는 乍로 되어 있다.

7.
어려서부터 스승 따라 조종(祖宗)의 법 배웠으나
부질없는 허공 꽃 맴도는 벌과 같았네
참된 승려 구름 밖을 벗어날 것도 없으니
깨달아야 색이랄 것 없어 스스로 공함을 알게 되리

8.
도 배움은 옳지 못한 용 그리기 같으니
붓놀림을 좇아서 얻는 것이 아니어서
하루아침 참 용을 얻고 난 뒤에야
예전의 공들임이 헛되었음 안다네

自小從師學祖宗
閑華猶似纏人蜂
僧眞不假居雲外
得後知無色自空

學道無端學畫龍
元來未得筆頭蹤
一朝體得眞龍後
方覺從前枉用功

9.
성불하는 이는 적고 염불하는 이는 많아
염불만 오래 하면 도리어 마가 되네
그대 지금 당장에 부처가 되려는가
무념(無念)인 사람은 모든 격식 없다네

10.
꿈속에서 어찌 꿈이 허망한 줄 알겠는가
꿈 깨어야 꿈의 것은 없는 것임 알게 되네
미혹하면 꿈속에 있는 것과 같으며
깨달으면 잠에서 깨어난 대장부네

成佛人希念佛多
念來歲久却成魔
君今欲得自成佛
無念之人不較多

在夢那知夢是虛
覺來方覺夢中無
迷時恰是夢中事
悟後還同睡起夫

11.
도 배우되 스승님의 가르침 받아 쉬면
없는 데에 길이 있어 인간을 벗어나네
그대가 제아무리 천 권 경을 외워도
기틀에 임해서는 한마디도 못 하네

12.
보살 성문 모두 다 비우지를 못하여
인천(人天)을 왕래하며 참 종지를 찾으니
어떻게 의심 없는 선비인 부처님같이
단좌하여 무심을 통달한 것 같으랴

學道蒙師詣却閑
無中有路隱人間
饒君講得千經論
一句臨機下口難

菩薩聲聞未盡空
人天來往訪眞宗
爭如佛是無疑士
端坐無心只麼通

13.
금생에 못 쉬면 언제나 쉬려는가
금생에 쉬려면 알아야 할 것 있네
마음을 쉬려거든 망상을 쉬라 하나
망상을 쉬려함마저 쉬는 것이 바른 쉼이네

14.
깨닫지 못한 이가 농아(聾啞)에게 권장하니
흙에다 흙 보태어 한 겹을 더함일세
깨달아도 뜻을 두면 미혹함과 같건만
미혹함에 있으면서 미혹한 줄 모르네

此生不息息何時
息在今生共要知
心息只緣無妄想
妄除心息是休時

迷人未了勸盲聾
土上加泥更一重
悟人有意同迷意
只在迷中迷不逢

15.
참 도를 배우려면 탐함 구함 없어서
만사에 무심해야 참 도에 합일하네
무심해야 비로소 무심의 도 체득하니
무심을 체득하면 도라 함도 쉬리라

16.
미간 백호 광명인 부처님의 몸이거늘
사변으로 본들 여여한 이치 친히 봄과 차이나랴
이치가 있음으로 사변이 있어서
이치와 방편으로 인천에서 교화하네
하루아침 깨달아 모두 다 없어지면
바야흐로 일 없는 사람이라 불리우리

夫人學道莫貪求　　　眉間毫相焰光身
萬事無心道合頭　　　事見爭如理見親
無心始體無心道　　　事有只因於理有
體得無心道亦休　　　理權方便化天人
　　　　　　　　　　一朝大悟俱消却
　　　　　　　　　　方得名爲無事人

17.
인정이 두터우면 도의 뜻 엷다 하나
도에서 인정을 베풀어 씀 어찌 알랴
인정만 있어서 도의 작용 없다면
인정이 얼마나 지탱할 수 있으리오

18.
자취를 찾아야 소를 찾게 되듯이
무심을 알아야 도 배우게 된다네
자취가 있으면 소가 있을 터이고
무심을 안다면 도를 얻기 쉽다네

人情濃厚道情微
道用人情世豈知
空有人情無道用
人情能得幾多時

尋牛須訪迹
學道訪無心
迹在牛還在
無心道易尋

 토끼뿔

용아시여 무심을 무심이라면
무심과는 십만하고 팔천리세
아차차 늦국화의 저 웃음…

현사(玄沙) 사비(師備) 종일(宗一) 대사의 게송 3수

1.
현사가 거니는 지름길 특별하니
사람들아 모름지기 알아야 된다네
가장 추운 겨울에도 양기가 무성하고
더운 6월 여름에도 서리가 내린다네
말이 있을 때에도 혀와는 상관없고
말이 없을 때에도 모든 걸 얘기하네
내 마지막 구절을 아는 이는
세상을 벗어난 인데, 아는 사람 적다네

玄沙師備宗一大師頌三首。
玄沙遊徑別
時人切須知
三冬陽氣盛
六月降霜時
有語非關舌
無言切要辭
會我最後句
出世少人知

2.
참으로 기이하고 영특한 한 늙은이
그 어떠한 많은 말도 단번에 하는구나
가풍을 일으켜서 공후[22]를 뜯듯 하면
미혹한 이들이 모여서 다투는데
그렇다 하더라도 모두가 옳지 않다.
청개구리 소리 높여 울어대듯 하지만
입을 여나 입을 열지 않는다 하여도
결국에는 영특한 늙은이를 범하는 것
이 속의 참된 뜻을 알고자 하는가
남극성이 참다운 북두칠성이라네

奇哉一靈叟
那頓許哎哎
風起引箜篌
迷子爭頭湊
設使總不是
蝦蟆大張口
開口不開口
終是犯靈叟
欲識箇中意
南星真北斗

---

22) 공후(箜篌) : 현악기의 일종.

3.
만리의 신령한 빛 왕의 정수리 모습인데
정수리 없어지면 어느 곳을 바라보랴
일 이미 이뤘건만 뜻을 쉬지 못하누나
이것은 본래에 어디에나 두루 하니
지혜로운 사람은 듣는 즉시 결단하니
잠시라도 망설이면 길머리를 잃는 걸세

萬里神光頂後相
沒頂之時何處望
事已成意未亦休
此箇從來觸處周
智者聊聞猛提取
莫待須臾失却頭

 토끼뿔

남극성이 북두라는 그 참뜻 알고픈가?

서산엔 해가 붉고 동령엔 달 솟으며
백구는 어찌 저리 사납게 짖는구나
험.

초경(招慶) 성등(省燈) 진각(眞覺) 대사의 게송 2수

1. 좌선에 집착한 수좌에게 보이다

큰 도는 분명하여 티끌이 끊겼으니
어찌 오래 앉아야만 비로소 친하랴
인연을 따르나 시비 없음 안다면
소란한 데 있은들 옛과 지금 다를 손가

招慶省燈眞覺大師頌二首。示執坐禪者。
大道分明絕點塵
何須長坐始相親
遇緣儻解無非是
處憒那能有故新

산탄[23]이 즐김은 지둔[24]의 무리 같고
소요하고 자재하기 혜휴(慧休)[25]와 같아서
개울가를 거닐거나 소란한 곳 거닐거나
가히 저녁노을 속 신선이라 하리라

散誕肯齊支遁侶
逍遙曷與慧休隣
或遊泉石或闤闠
可謂煙霞物外人

---

23) 산탄(散誕) : 법을 펴는 이를 돕거나 인연 있는 이를 간간이 건지기 위해 신분을 숨기고 나신 옛 성인.
24) 지둔(支遁) : 중국 동진(東晋)의 스님.
25) 혜휴(慧休) : 당나라 초기의 승려. 산림에 은거하여 청정무위의 삶을 즐김.

2. 좌선하는 방편을 보이다

네 가지 거동에서 좌선이 우선이니
심신 점차 가라앉아 안정되어 평온하리
인연 따라 흐린 경계 잠깐일지라도
그것의 수명이 이어지게 하지 말라
닦을 때의 공부란 방편으로 말한 바니
지극한 진리에 어찌 저쪽 있다 하랴
일체 때 가운데 항상 잘 지니면
인연 맞아 활연히 현묘함을 통달하리

示坐禪方便。
四威儀內坐爲先
澄濾身心漸坦然
瞥爾有緣隨濁界
當須莫續是天年
修持只話從功路
至理寧論在那邊
一切時中常管帶
因緣相湊豁通玄

 토끼뿔

어떤 것이 좌선인고?

일체 때에 법계화 이어서
일체 때에 함없는 함이라
일체 때에 좌선 아님 없다네

장주(漳州) 나한(羅漢) 계침(桂琛) 화상의 도를 밝힌 게송 1수

지극한 도, 깊고도 넓어서
말로써 표현할 수 없다네
말로 하면 가리킨 것 못 되니
뉘라서 그것을 옳다 하랴
만나는 곳마다 그것인데
어찌 참이니 거짓이니 정하랴
참과 거짓 있다고 한다 해도
거울 속에 나타난 현상일세
있음과 없음으로 나투지만
어느 때 어디서나 온전하고

漳州羅漢桂琛和尙明道頌一首。
至道淵曠勿以言宣
言宣非指孰云有是
觸處皆渠豈喻眞虛
眞虛設辯如鏡中現
有無雖彰在處無傷

온전해선 온전하단 것 없는데
무엇에 구애되고 막히랴
공력(功力) 빌려 이루는 것 아닌데
무슨 법을 가졌다 할 것인가
법 그렇다, 안 그렇다 하는 것이
모두 다 입에 붙은 말이니
만약에 그렇게 설한다면
종지를 묻어버린 것일세
종지는 뜻으로 표현 못해
보거나 들을 수도 없다네
보고 들음 벗어나지 못하면
마치 물속 달과도 같으니

無傷無在何拘何閡
不假功成將何法爾
法爾不爾俱爲脣齒
若以斯陳埋沒宗旨
宗非意陳無以見聞
見聞不脫如水中月

이것을 밝히지 못하면
도리어 쓸데없는 법 이루네
한 법이라는 형체라도 있다면
그대의 눈동자를 가리나니
눈동자가 밝고 밝지 못하면
세계가 다투어 벌어지네
우리 종풍 특이한 것이어서
볕이 비친 곳처럼 드러났네
부처 중생 모두 그 은혜를 입었으니
고개를 숙일 것도 없으며
사량으로 얻을 것도 없다네
얼굴을 한주먹 때릴 때
온 누리가 사라져 없어서

於此不明翻爲剩法
一法有形翳汝眼睛
眼睛不明世界崢嶸
我宗奇特當陽顯赫
佛及眾生皆承恩力
不在低頭思量難得
拶破面門覆蓋乾坤

모름지기 상쾌히 깨달아
감관과 경계를 벗어나니
이것을 깨닫지 못했다면
지금까지 헛소리만 한 걸세

快須薦取脫却根塵
其如不曉謾說而今

 토끼뿔

우리 종풍 이러-할 뿐이어서
가고 오며 보고 듣는 것이며
말하고 잠잠한 것 모두라네

밝느니 밝잖느니 웬 말인고
이러-하고 이러-할 뿐이어서
낮이면 일을 하고 밤엔 자네

남악(南嶽) 유경(惟勁) 선사가 깨달음의 경지를 읊은 게송 1수

각(覺)의 바탕 같고 다른 이름을 간단히 밝히다

일으키고 되돌아가 시종 번갈아 바뀌며 이루어
성품의 바다에 명호를 더하여 세웠으니
묘각(妙覺)은 성품의 각의 밝음에 의지해 영위된다
체각(體覺)은 밝음과 묘함을 구족하여
명각(明覺)과 묘각을 쌍으로 행한다
묘각은 원래 체의 밝음인 각의 묘함이고

南嶽惟勁禪師覺地頌一首。略明覺地名同異。
起復初終互換生
性海首建增名號
妙覺還依性覺明
體覺俱含於明妙
明覺妙覺並雙行
妙覺覺妙元明體

샘이 없는 온통인 참 정미로움의 온전한 이룸이며
명각은 깨달아 밝힌 각의 밝음이나
더러는 깨달았다는 상으로 인하여 원래의 밝음을 잃기도 한다
명각과 묘각은 체각이 근본이 되니
체각인 성품의 각에 명각과 묘각이 같이 밝으면
가없이 이러-한 깨달음이 두렷이 원만하여 증감이 없어서
여기에는 부처니 중생이니 하는 것이 없다
깨달았다는 것도 없어서 처음부터 끝까지
마쳐서 마쳤다는 것마저 없으니
미혹과 깨달음을 듣지도 못했거늘 어찌 성성하다곤들 하랴

全成無漏一眞精
明覺覺明明所了
或因了相失元明
明妙二覺宗體覺
體覺性覺二同明
湛覺圓圓無增減
此中無佛與眾生
不覺始終非了了
不聞迷悟豈惺惺

이것을 심지(心地)라 하거나 여래장(如來藏)이라 칭하니
깨달아 비추면 무생에 이르렀다는 것도 없어서
남[生]도 없고 멸함도 없는 진여의 바다라
가없이 이러-히 상주하여 이름할 이름마저 없다
허공에 노을의 티가 생긴 적이 없거늘
어찌 미진(微塵)인 유루라는 소리인들 들었으랴
허공도 거품이라 깨달음의 바다를 여읜 적이 없어서
움직이고 고요함이 원래 온통인 참된 밝음이네
각의 밝음의 본체는 으레 신령한 빛을 머금으나
그 각의 밝음의 빛을 따르다가 이그러졌네

是稱心地如來藏
亦無覺照及無生
非生非滅真如海
湛然常住名無名
太虛未覺生霞點
豈聞微塵有漏聲
空漚匪離於覺海
動寂元是一真明
覺明體爾含靈燄
覺明逐燄致虧盈

이그러져 돌아오지 못한 것을 깨달음이 없다 하고
깨달아서 근본을 회복한 것을 시각(始覺)이라 하네
본각(本覺)은 시각에 의해서 드러나고
정각(正覺)은 다시 각의 밝음과 합일함에 의해 영위되네
두 가지로 서로 차별되게 이루어짐으로 인하여
마침내 아뢰야(阿賴耶)라 이름 지어 부르는데
이것은 더럽고 깨끗한 두 길을 함께 머금은 기로여서
각의 밝음을 머금은 곳에서 불가사의함이 시작된 것이니
성품의 무생(無生) 부동지(不動智)를 일으켜서
각의 당체를 여의지 않으면
본래부터 원만히 이루어져 있는 바이고

差之不返名無覺
會之復本始覺生
本覺由因始覺生
正覺還依合覺明
由他二種成差互
遂令渾作賴耶名
具含染淨雙岐路
覺明含處異途萌
性起無生不動智
不離覺體本圓成

성품의 각이 굴러 일으켜서 뒤집혀 낳게 되면 이루어져
마침내 유루(有漏)의 미망에 빠져드네
무명은 모양을 사랑함으로 인하여 더해지고
이름과 색 근본에서 차츰차츰 생기니
7식이 굴러서 본래의 성품 덮고
5, 6식이 생길 때 각의 밝음 가려져서
촉(觸)과 수(受)와 유(有)와 취(取)가 의지해서 일어나고
생노병사가 계속해서 이뤄졌네
업식(業識)으로 끝없는 괴로움의 바다에 빠지고

性起轉覺翻生所
遂令有漏墮迷盲
無明因愛相滋潤
名色根本漸次生
七識轉處蒙圓鏡
五六生時蔽覺明
觸受有取相依起
生老病死繼續行
業識茫茫沒苦海

끝없이 흐름 따라 이리저리 나부꼈네
대성(大聖)께서 자비심을 일으켜 구제하니
한소리 외칠 때에 세 음성이 나오네
지혜의 몸, 법신에 의해서 일어나고
다니는 몸, 지혜의 몸에 의해 이루어졌네
지혜의 몸, 다니는 몸, 본래 둘이 아니니
온통인 체성으로 영위하면 본래의 평등함일세
모든 것은 참 해인(海印)을 머금었으니
온통인 마음이 널리 나툼은 모두가 두렷한 밝음일세
가없이 이러-한 광명 훤출하게 밝으니 어디에 의지하랴

徇流浩浩逐飄零
大聖慈悲興救濟
一聲用處出三聲
智身由從法身起
行身還約智身生
智行二身融無二
還歸一體本來平
萬有齊含真海印
一心普現總圓明
湛光燄燄何依止

허공같은 성품 드넓어 정한 바 없어서
곳곳에 나지만 나는 형상 없으며
곳곳에서 멸하나 멸하는 형상 없네
구슬 거울에 단박에 사무치면 거래 없고
뜬 구름 모였다 흩어지듯 정한 법이 없어서
물속의 달같이 출몰하는 그대로 참되니
인연에 메아리같이 응하여 중생들을 교화하네
중생의 성품 바탕에는 원래 물듦 없으나
다만 들뜬 허망이 참됨을 가리네
오음이란 헛된 모임 같다는 것을 모르거니

空性蕩蕩無所停
處處示生無生相
處處示滅無滅形
珠鏡頓印無來往
浮雲聚散勿常程
出沒任眞同水月
應緣如響化群情
衆生性地元無染
只緣浮妄翳眞精
不了五陰如空聚

사대가 건달바의 성[26]같음을 어찌 알랴
아만의 어리석은 산 드높이 솟았고
무명의 욕심 바다 끝없이 출렁인다
언제나 천하고 교활한 벗 따르다가
맹수에게 쫓기듯 비명을 질러대니
자성이 의식으로 바뀌어 환(幻) 되었거늘
제 마음의 환인 경계에 제 마음이 놀람일세
이 환의 성품이 아지랑이 같다는 것을 알면
허공 꽃인 의식 물결이 다시금 원만해지네

豈知四大若乾城
我慢癡山高屹屹
無明欲海杳溟溟
每逐旃陀憍詑友
常隨猛獸作悲鳴
自性轉識翻為幻
自心幻境自心驚
了此幻性同陽燄
空華識浪復圓成

---

26) 건달바의 성 : 실체는 없이 허공에 나타나는 성곽.

허공의 뜬구름이 흩어지는 것임을 알면
허공이 본래에 청정함을 깨달으리
고금에 가없이 이러-해서 늘 빛나니
고금이니 범성(凡聖)이니 이름할 수 없다네

太虛忽覺浮雲散
始覺虛空本自清
今古湛然常皎瑩
不得古今凡聖名

 토끼뿔

유경 선사 송(頌) 속의 이 증명
대원 홀로 무명시초 외쳤는데
감사하고 감사함 말 다하랴

성품의 광명을 누림 뿐인걸
광명을 쫓아서 구른 것은
하늘 땅 거리론들 비유되랴

태초의 무명으로 말미암아
만상삼라 모든 법 생겼다나
간밤의 꿈의 것과 같다네

영주(郢州) 임계(臨谿) 경탈(敬脫) 화상의 도에 드는 깊고 얕음을 읊은 게송 5수

1.
드러난 기둥이 소리소리 부르건만
잔나비로 올가미에 결박이 되었구나
중, 하의 근기는 까닭을 모르나
상근기는 곧바로 깨우쳐 즐기네

郢州臨谿敬脫和尚入道淺深頌五首。
露柱聲聲喚
猢猻繩子絆
中下莫知由
上士方堪看

2.
드러난 기둥이 소리쳐 부른 적도 없고
잔나비로 결박한 밧줄도 끊어져서
상근기의 무리는 소리 내어 웃는데
중근기의 무리는 보았다고 한다네

3.
잔나비다 드러난 기둥이다 하여도
동서로 행각하는 것을 면치를 못하는데
마음대로 태평가를 부르며
불조를 초월한 문도라 말을 하네

露柱不聲喚
獼猴繩子斷
上士笑呵呵
中流若爲見

獼猴與露柱
未免東西步
任唱太平歌
徒話超佛祖

4.
이 사람이 종사라고 하는 이들 보건대
말하고 잠잠함이 현묘구(玄妙句)라 하면서
근본의 근원을 잘 알지도 못하고
교묘히 기원정사 옛 일을 편다 하네

5.
소실[27]과 마갈[28]에서
대 바꾸어 드날렸네
내가 이제 그대들 모두에게 묻노니
그 누가 장래의 주인이 되려는가

我見匠者誇
語默玄妙句
不善本根源
巧布祇園事

少室與摩竭
第代稱揚許
我今問汝徒
誰作將來主

---
27) 소실(少室) : 달마 대사가 있던 토굴.
28) 마갈(摩竭) : 부처님께서 설법하시던 곳.

토끼뿔

기둥 소리 듣는 이가 있으며
잔나비 바로 본 이 있는가?
아차차 실버들도 누설인데

대법안(大法眼) 문익(文益) 선사의 게송 14수

1. 삼계가 마음뿐

삼계가 마음이요, 만법이 식이라 하나
식이라 할지라도 오로지 마음뿐
눈으로 소리 듣고 귀로 색을 본다 하나
색이란 것 귀에 이른 적 없고
소리란 것 눈에 닿은 적 있으랴
눈으로 색을 보고 귀로는 소리 들어
만 가지 법들을 판단한다 하지만
만 가지 법이라도 인연이 아니거늘
어찌 허깨비 같은 것을 보았다고 할 것인가
그 누가 산하대지 변함없다, 변한다 하는가

大法眼禪師文益頌十四首。三界唯心。
三界唯心萬法唯識
唯識唯心眼聲耳色
色不到耳聲何觸眼
　眼色耳聲萬法成辦
　萬法匪緣豈觀如幻
大地山河誰堅誰變

2. 화엄 육상(華嚴六相)[29]의 이치

화엄 육상의 이치는
같은 것 가운데 다른 것이 있다 하나
다른 것이 같은 것과 다르다고 한다면
온전한 삼세 모든 부처님 뜻 아니네
부처님의 뜻에는 각각이 전체인데
어떻게 같거나 다름이 있으랴
남자의 몸으로 선정에 든다지만
여자의 몸이라는 뜻에도 머물지 말라
어떠한 뜻에도 머뭄이 없으면
이름도 글자도 끊어질 것이니
만상에 밝으나 이변 사변 따로 없네

華嚴六相義。
華嚴六相義　　　何曾有同異
同中還有異　　　男子身中入定時
異若異於同　　　女子身中不留意
全非諸佛意　　　不留意絕名字
諸佛意總別　　　萬象明明無理事

---

29) 화엄육상(華嚴六相) : 총상(总相), 별상(別相), 동상(同相), 이상(异相,) 성상(成相), 괴상(坏相).

3. 수보리를 보다

수보리 옛 분의 뛰어난 모습이여
법 공함 말했으나 법 여읨도 없었네
믿음이 미치지 못하여 의심할 뿐
믿는다면 다시 어딜 이르렀다 하겠는가
지팡이에 기대서서 동서를 둘러보네

瞻須菩提。
須菩提貌古奇
說空法法不離
信不及又懷疑
信得及復何之
倚筇杖視東西

4. 거리의 북소리

북소리 둥둥둥, 큰 공력(功力)을 운용하니
조정(朝廷) 꽉찬 사람이 도의 길로 통한다네
도의 길로 통함이여, 이르렀다 하겠는가
통달한 이라면 보배땅에 올랐다고도 하지 않네

街鼓鳴。
鼓鼕鼕運大功
滿朝人道路通
道路通何所至
達者莫言登寶地

5. 도를 사모하는 이에게 버리라고 보이다

동당(東堂)에서 계수나무 꺾지 않고
남화(南華)에서 신선도 배우잖고
부처님의 사찰을 찾아와서
가사 입고 좌선을 배우지만
선(禪)을 앉아 얻으려는 생각까지도
어떻게 치우침이 아니겠나[30]
참선하는 사람들께 고하노니
도 가운데 현묘함을 깨달아라
어떤 것이 도 가운데 현묘함인가
참다운 법 스스로 분명하네

示捨棄慕道。
東堂不折桂　　非想亦何偏(經劫守閑。不出生死)
南華不學僊　　為報參禪者
却來乾竺寺　　須悟道中玄
披衣效坐禪　　如何道中玄
禪若效坐得　　真規自宛然

---

30) 겁을 지날지라도 고요함이나 지키면 생사를 벗어나지 못한다. (원주)

6. 금강경의 남에게 괄시를 받는다는 구절[31]

보배칼 잃은 적 없으니
빈 배에다 표시를 하지 말라
잃음 없어 표시할 것도 없는
그이라야 바르게 얻은 걸세
의지하고 기다리면 옳지 않아
홀로이 이러-해야 곧 법칙일세
허공을 날아간 새의 자취
있다 없다 한다면 어긋나네[32]

金剛經為人輕賤章(詮云持經者證佛地也)。
寶劍不失虛舟不刻
不失不刻彼子為得
倚待不堪孤然仍則
鳥迹虛空有無彌忒(思之)

---

31) 이 경을 지닌 사람은 불지를 증득한다고 하였다. (원주)
32) 생각하여 보라. (원주)

7. 어떤 승려가 색상을 따르는 마니구슬에 대해 묻다

마니구슬은 색상(色相)을 따를 것 없고
색상에는 마니구슬 없다네
마니구슬이니 여러 색상이니 하나
합함도 없으며 여읨도 없다네

僧問隨色摩尼珠。
摩尼不隨色
色裏勿摩尼
摩尼與眾色
不合不分離

8. 우두암(牛頭庵)

이 나라 남쪽성에 조사 암자 있어서
오래 묵은 옛터가 구름결에 쌓였구려
짐승들은 수순하고 정숙한 이, 참배하나
마음을 다했다 해도 뛰어나지 못하리

牛頭庵。
國城南祖師庵
庵舊址依雲嵐
獸馴淑人相參
忽有心終不堪

9. 건달바의 성

건달바의 성이여, 법이란 법 그러해서
법이라 하나 법 아님을 이름하여 참법이라네
해 뜨겁고 달 차며 바다 깊고 산 솟았네
건달바의 성처럼 옳고 그름 없는 걸세

乾闥婆城。
乾闥婆城法法皆爾
法爾不爾名相眞軌
日煖月涼海深山起
乾闥婆城是非亡矣

10. 경 읽는 승려를 보고

요즘 사람 옛 가르침 본다 하나
마음속의 시끄러움 못 면하네
마음속의 시끄러움 면하려면
다만 옛 가르침 보는 놈을 알아라

因僧看經。
今人看古教
不免心中閙
欲免心中閙
但知看古教

11. 어떤 승려에게 아는가 하고 물었는데 알지 못한다 하기에

안다고 하거나 모른다고 하거나
그대와 얼굴을 마주하고 있지만
만약에 얼굴을 대했다고 한다면
참으로 이것은 아는 것 아니로세

問僧云會麼對不會。
會與不會
與汝面對
若也面對
眞箇不會

12. 뜰의 잣나무와 화분의 연꽃

한 송이 탐스런 연꽃과
두 그루의 푸르른 잣나무
언제나 승려의 뜰에 섰거늘
어찌하여 수고로이 고준한
격외의 도리를 묻는가

庭柏盆蓮。
一朵菡萏蓮
兩株青瘦柏
長向僧家庭
何勞問高格

13. 정월에 우연히 보이다

정월의 봄이여, 순조로운 시절이라
유정도 무정도 모두가 기뻐하네
그대여 누구의 힘 얻음인지 아는가
다시 누구에게 묻고 그 누가 대답하랴

正月偶示。
正月春順時節
情有無皆含悅
君要知得誰力
更問誰教誰決

14. 종릉(鍾陵)의 광승정(光僧正)에게 주다

서산(西山)은 높고 높아 푸르게 솟았고
장수(漳水)는 맑고 맑아 물들인 비단 같네
대함에 드러나 분명하고 분명커늘
또다시 그 무슨 극칙이 있다 하랴

寄鍾陵光僧正。
西山巍巍兮聳碧
漳水澄澄兮練色
對現分明有何極

 토끼뿔

한 송이 탐스러운 연꽃과
두어 그루 잣나무 소식을
봄뜰에 노랑나비 누설일세

백거이(白居易)의 팔점게(八漸偈)[33]

당(唐)의 정원(貞元) 19년 가을의 8월, 응공(凝公)이라는 대사가 동도(東都) 성선사(聖善寺)의 발탑원(鉢塔院)에서 입적하셨는데, 이듬해 2월에 서쪽에서 온 나그네 백거이가 팔점게를 지어 게송마다 여섯 구절, 구절마다 네 글자가 되게 하여 찬탄하였다.

"처음에 대사께 마음의 법을 물었는데 대사가 나에게 다음의 여덟 마디를 들려주셨으니, 관(觀), 각(覺), 정(定), 혜(慧), 명(明), 통(通), 제(濟), 사(捨)였다.

白居易八漸偈(并序)。唐貞元十九年秋八月。有大師曰凝公。遷化於東都聖善寺鉢塔院。越明年春二月有東來客白居易。作八漸偈。偈六句。句四言贊之。初居易嘗求心要於師。師賜我言焉。曰觀。曰覺。曰定。曰慧。曰明。曰通。曰濟。曰捨。

---

33) 서문을 겸하다. (원주)

이로 인하여 귀에 쏙 들어와서 마음에 새겨졌으니, 아! 대사의 육신은 변화했으나 대사의 여덟 마디 말씀은 변하지 않는다.

간절하구나, 이 여덟 마디여, 진실로 무생법인 관법의 점문(漸門)이다. 그러므로 관(觀)에서 사(捨)에 이르기까지 차례차례 찬탄하되 한 마디를 넓히어 한 게송을 만들어 팔점게라 하였으니, 첫째 대사의 설법을 드러내기 위한 것이요, 둘째 나 자신이 잊지 않음을 밝히기 위한 것이다."

그리고 이내 방에 올라와 제단에 절하고 꿇어앉아 게송을 읊고는 곡을 하고 떠났다. 그 게송에 일렀다.

繇是入於耳貫於心。嗚呼今師之報身則化。師之八言不化。至哉八言實無生忍觀之漸門也。故自觀至捨。次而贊之。廣一言為一偈。謂之八漸偈。蓋欲以發揮師之心教。且明居易不敢失墜也。既而升於堂禮於床。跪而唱泣而去。偈曰。

1. 관(觀)

마음속의 눈으로 보아서
마음 밖의 형상을 관하나
무엇을 있다고 할 것이며
무엇을 없다고 할 것인가
관하는 그 자를 관조하면
참됨과 망령됨 판단되리

觀。
以心中眼觀心外相
從何而有從何而喪
觀之又觀則辨真妄

2. 각(覺)

참됨만이 언제나 항상 하나
망령됨에 가려져 버렸다네
참됨과 망령됨을 바로 알면
깨달음이 그 안에서 사나
망령됨을 여읨도 없어야
참된 공을 얻었다 할 걸세

覺。
惟眞常在爲妄所蒙
眞妄苟辨覺生其中
不離妄有而得眞空

3. 정(定)

참됨이 멸한 적 없다면
망령됨 일어남도 없으리니
여섯 가지 뿌리의 근원이
맑고도 고요한 물 같으면
이것을 선정이라 하나니
생사를 해탈하게 된다네

定。
真若不滅妄即不起
六根之源湛如止水
是爲禪定乃脫生死

4. 혜(慧)

오로지 정(定)만을 생각하면
오히려 정에 의해 결박되니
지혜로써 구제해야 한다네
지혜에 막힘이 없어야
구슬이 소반에 놓임 같아
소반은 정이요 구슬은 지혜로세

慧。
專之以定定猶有繫
濟之以慧慧則無滯
如珠在盤盤定珠慧

5. 명(明)

정과 혜 서로가 하나 되니
하나 된 후에야 밝다 하리
그리하여 만물을 비추면
만물이라지만 형상이 없다네
크고 둥근 거울과 같아서
정(情)이 없는 가운데 응해 주네

明。
定慧相合合而後明
照彼萬物物無遁形
如大圓鏡有應無情

6. 통(通)

지혜가 지극하면 밝아지고
밝으면 매하지 않게 되며
밝음이 지극하면 통하고
통하면 걸림이 없다네
걸림이 없다는 것 무엇인가
변화에 자재한 것이라네

通。
慧至乃明明則不昧
明至乃通通則無礙
無礙者何變化自在

7. 제(濟)

신통의 힘 정해진 바 없어서
생각에 응하여 변화하나
변한 형상 있는 것 아니어서
원하는 바대로 보게 할 뿐
이것을 대자비라 하나니
온통으로써 모두를 구제하네

濟。
通力不常應念而變
變相非有隨求而見
是大慈悲以一濟萬

8. 사(捨)

모든 고통 구제한 연후에는
대자비란 생각마저 없다네
괴로움이 참된 것이 아닐진대
자비인들 어찌 거짓 아닐손가
그러므로 진실로 말하건대
중생을 제도했다 함도 없네

捨。
眾苦既濟大悲亦捨
苦既非真悲亦是假
是故眾生實無度者

토끼뿔

팔점게를 간단히 보이라면
일이삼사 칠육오다 하리니
흙덩이 쫓는 행은 말 것일세

동안(同安) 찰(察) 선사의 십현담(十玄談)[34]

 무릇 현담(玄談)과 묘구(妙句)는 삼승(三乘)을 초월하였다. 이미 인연에 섞이지도 않고 또한 따로 있는 것도 아니다. 마땅히 근본에서 응하여 쓰면 맑은 하늘에 빛나는 달과 같지만, 그림자에 굴림이 되어 기틀에서 멸하면 바다에 밝은 구슬이 잠긴 것과 같다.
 배우는 무리가 있다고는 하나 오묘한 이치로 무궁함을 통달한 자는 드물다. 근원이 미혹한 무리들에게 삼라만상의 물건 물건마다에 밝음을 이변(理邊)과 사변(事邊)으로 함께 드나, 이름과 말은 모두 없는 것이니, 손가락으로 은근히 달을 가리켜 이른 것을 손가락 끝에서 잘못 알지 말라.

 同安察禪師十玄談(并序)夫玄談妙句。逈出三乘。既不混緣。亦非獨立。當臺應用。如朗月以晶空。轉影泯機。似明珠而隱海。且學徒有等。妙理無窮。達事者稀。迷源者眾。森羅萬象。物物上明。或即理事雙袪。名言俱喪。是以慇懃指月。莫錯端倪。

---

34) 서문을 겸하다. (원주)

어리석게 바늘로 물을 뚫으려는 짓도 말라. 주먹으로 보배를 열어 부촉하노라. 사리를 밝히는 짧은 말로써 서를 줄인다.[35]

不迷透水之針。可付開拳之寶。略序微言。以彰事理(卿公事苑云。叢林所行十玄談皆無序引。愚[36]曩游廬阜。得其序於同安影堂。今錄之云耳)。

---

35) 경공의 사원에서 말하기를 "총림에서 행해지고 있는 십현담은 모두가 서문이 없다. 내가 전에 여부에 갔다가 동안 선사의 영당에서 그 서문을 얻어 지금 기록한다."라고 하였다. (원주)
36) 愚는 자기를 낮추어 이르는 말.

 토끼뿔

주먹으로 보배를 열어 부촉한다고?

소리를 낮추고 낮추시오
누구는 양쪽 귀를 씻고서
소매를 떨치고서 간다오

1. 심인(心印)

군에게 묻노니 심인이 어떠한 것인데
감히 누가 심인을 전해 준다 하겠는가
여러 겁 넓고도 이러-하여 형상 없어
심인이라 부르면 벌써 헛된 말이 되네
본래부터 빈 성품의 신령함을 깨달으면
불길 가마 속에서도 연꽃과 같다네
무심을 일러서 도라고 하지 말라
무심해도 오히려 한 겹의 관문이 있네

心印。
問君心印作何顔
心印誰人敢授傳
歷劫坦然無異色
呼爲心印早虛言
須知本自靈[37]空性
將喻紅爐火裏蓮
莫謂無心便[38]是道
無心猶隔一重關

---

37) 靈이 원, 명나라본에는 虛로 되어 있다.
38) 便이 원나라본에는 云으로 되어 있다.

 토끼뿔

심인이 어떠한 것이냐고?

촌길에 굴러다닌 돌도 이르고
외양에 송아지도 뛰어 보이며
꾀꼬리 노래하고 그거야 하네

2. 조사(祖師)의 뜻

조사의 뜻 허공과도 같으나 공이라 하면 옳지 않으니
기틀 다함 공력이 있다거나 없다 하랴
삼현(三賢)도 이 뜻을 밝혔다 못하고
십성(十聖)도 이 종지를 통달했다 하겠는가
금빛잉어 그물을 벗어났다 한다면
오히려 물속에 머물러 있는 바니
길머리를 돌린 돌말〔石馬〕이 되어야
물가의 풀들을 벗어날 수 있다네

祖意。
祖意如空不是空
盡機爭墮有無功
三賢尙[39]未明斯旨
十聖那能達此宗
透網金鱗猶滯水
回途石馬出沙籠

---

39) 尙이 원, 명나라본에는 固로 되어 있다.

4. 티끌에서 뛰어나다

흐린 자라 하나 스스로 흐리다 할 뿐이고
맑은 자라 하나 스스로 맑다고 할 뿐이어서
보리니 번뇌니 허공 같아 평등하나
감정할 사람도 없거늘 누가 변벽[41]을 말하랴
여의주는 가는 곳마다 번쩍이며 외친다네
만 가지 법 없어지면 전체로 드러나니
삼승으로 나뉜 것은 거짓 이름 붙인 걸세

塵異。
濁者自濁淸者淸
菩提煩惱等空平
誰言卞璧無人鑒
我道驪珠到處晶
萬法泯時全體現
三乘分處假[42]安名

---

41) 변벽(卞璧) : 변화지벽(卞和之璧). 변화의 구슬이라는 뜻으로 천하의 명옥을 이르는 말.
42) 處假가 원나라본에는 別強으로 되어 있다.

대장부는 하늘 찌를 기상이 있으리니
여래가 가는 곳도 가지 말라 하노라

丈夫自[43]有衝天氣[44]
莫向如來行處行

---
43) 自가 원나라본에는 皆로 되어 있다.
44) 氣가 원나라본에는 志로 되어 있다.

 토끼뿔

전체로 드러나면 만법이 갖춰지고
만법이 갖춰져야 삼계의 도사거늘
양론으로 견준다면 불법이라 하랴

5. 불교(佛敎)

삼승을 차례대로 금언(金言)[45]으로 설하였고
삼세의 부처님도 그렇게 펴셨다네
처음에 유(有)와 공(空)을 말하자 사람들 모두 따랐으나
나중에 공도 유도 아니라 함을 인해
용궁의 장경도 의원의 처방일 뿐이라 해서
학수(鶴樹)[46]에서 열반까지 설했어도 못다 함
맑고 참된 세계의 온통인 생각일 뿐
염부제(閻浮提)로선 이미 팔천년도 지남이라네

佛[47]敎。
三乘次第演金言
三世如來亦共宣
初說有空人盡執
後非空有眾皆緣
龍宮滿藏醫方義
鶴樹終談理未玄
眞淨界中纔一念
閻浮早已八千年

---
45) 금언(金言) : 부처님 말씀.
46) 학수(鶴樹) : 부처님께서 열반하실 때 하얗게 변했다는 숲.
47) 佛이 원나라본에는 演으로 되어 있다.

 토끼뿔

불교란 어떤 것인고?

마음의 함 모두가 불교고
올바른 이치의 행 불교며
불변의 모든 이치 불교세

6. 고향에 돌아온 곡조

공왕(空王)은 중도라는 것마저 없지만
주장자로 본향에 사무쳐 영위케 하네
구름과 물 막아도 머뭄이 없어서
설산 깊은 곳에서도 나 잊은 적 없다네
돌이켜 생각건대 옥 같던 내 얼굴이
이제는 귀밑머리 서리 같음 탄식하랴
초월한 집 이르니 아는 이 하나 없고
한 물건 바쳐야 할 어른도 없다네

還鄉曲[48]。
勿於中路事空王
策杖還須達本鄉
雲水隔時君莫住
雪山深處我非忘
尋思去日顏如玉
嗟歎迴來鬢似霜
撒手到家人不識
更無一物獻尊堂

---

48) 還鄉曲이 원나라본에는 達本으로 되어 있다.

토끼뿔

한 치도 옮김 없는 내 고향
호리도 움직임이 없는 고향
이 고향은 지금의 이 자리일세

7. 고향에 돌아온 곡조마저도 없애라

근원에서 누린다고 하여도 어긋나니
본래에 머묾 없어 명가(名家)랄 것도 없네
만년 묵은 솔〔松〕길에는 눈이 깊이 쌓였고
한 줄기 산봉우리 구름에 덮혔네
객과 주인 잠잠할 때라 해도 허망이요
군왕 신하 합일한 도라 해도 삿됨일세

破還鄕曲[49]。
返本還源事亦[50]差
本來無住不名家
萬年松逕雪深覆
一帶峯巒雲更遮
賓主默[51]時全是妄
君臣道合[52]正中邪

---

49) 破還鄕曲이 원나라본에는 還源으로 되어 있다.
50) 亦이 원나라본에는 已로 되어 있다.
51) 默이 원나라본에느 穆으로 되어 있다.
52) 道合이 원나라본에는 合處로 되어 있다.

고향 누린 노래를 어떻게 부를꼬
명월당(明月堂) 앞에 선 마른나무 꽃이로세

還鄕曲調如何唱
明月堂前枯木[53]華

---

53) 木이 원나라본에는 樹로 되어 있다.

 토끼뿔

고향 풍광 사실로 말해볼까
화약처녀 불속에서 춤을 추고
진흙사내 물속에서 북을 치네

8. 위(位)에 돌아가서 굴리다

열반성 속이라도 오히려 위험해서
뭇 길에서 만남을 기약할 수 없다네
방편인 때 묻은 옷 걸친 것이 부처라면
보배로써 장식함은 누가 다시 이름할꼬
나무사람 밤중에 신을 신고 돌아가고
돌여자 새벽에 모자 쓰고 오누나
만고의 푸른 못 속, 허공의 달이여
두세 번 건져 본 그때서야 알 것인가

轉位歸[54]。
涅槃城裏尙猶危
陌路相逢沒定期
權挂垢衣云是佛
却裝珍御復名誰
木人夜半穿靴去
石女天明戴帽歸
萬古碧潭空界月
再三撈漉始應知

---

54) 轉位歸가 원나라본에는 迴機로 되어 있다.

토끼뿔

고래로 오고 간적 없는 뒤를
돌아온다 그런 말 웬 말인고
더구나 두세번 하, 하, 하

9. 기틀을 돌리다

털을 쓰고 뿔을 이고 외양간에 들더라도
우담발화 불속에 피어난 것이라네
번뇌의 바다엔 비와 이슬로 내리고
무명의 산마루엔 구름과 우레 되네
확탕노탄 나쁜 지옥 불어서 없애고
검수도산(劍樹刀山) 험한 칼날 꺾어서 없앤다네
금고리 현묘한 집에도 안주 않고
다른 무리〔異類〕윤회 길에 뛰어들어 베푼다네

迴機[55]。
披毛戴角入鄽來
優鉢羅華火裏開
煩惱海中為雨露
無明山上作雲雷
鑊湯爐炭吹教滅
劍樹刀山喝使摧
金鎖玄關留不住
行於異類且輪迴

---

55) 迴機가 원나라본에는 轉位로 되어 있다.

토끼뿔

그 어느 한순간도 여읨 없어
낮이면 밥을 먹고 일했으며
밤이면 같이 자고 일어났네

10. 정위(正位)의 앞

고목과 바위 앞에 어긋날 길 많아서
수행인들 예 이르러 모두가 헛디디네
해오라기 흰 눈에 섰으나 같지 않고
밝은 달 갈대꽃이 다른 것 아니로세
명료하게 마쳤을 땐 마친 바도 없어서
현묘하단 현묘한 곳마저 꾸짖네
은근히 그대 위해 현묘한 곡 부른다지만
허공의 달빛을 잡을 수 있겠는가

正位前[56]。
枯木巖前差路多
行人到此盡蹉跎
鷺鷥立雪非同色
明月蘆華不似他
了了了時無所[57]了
玄玄玄處亦須訶
慇懃爲唱玄中曲
空裏蟾光撮得麽

---

56) 正位前이 원나라본에는 一色으로 되어 있다.
57) 所가 원나라본에는 可로 되어 있다.

토끼뿔

정위분의 가르침 수용하여
수행하면 그르침 없으리니
지나간 새의 길 같으리

운정산(雲頂山)의 승(僧) 덕부(德敷)의 시(詩) 10수

1. 말하고 잠잠함에 헤아리기 어렵다

이러-히 한가로운 앉음은 성인도 모르고
말함에 자재함은 견줄 이가 없다네
돌사람이 구름 속에서 판대기로 박자 치고
나무여자 물속에서 피리를 분다네
만일 듣지 못한다면 그는 알지 못한 이고
메아리나 찾는다면 의혹에 얽히리라

雲頂山僧德敷詩十首。語默難測。
閑坐冥然聖莫知
縱言無物比方伊
石人把板雲中拍
木女含笙水底吹
若道不聞渠未曉
欲尋其響你還疑

더불어 부르려면 더불어 부를 것이지
곡보와 악기일랑 아예 묻지 말아라

教君唱和仍須和
休問宮商竹與絲

 토끼뿔

이러- 히 한가한 이는
다 드러난 일 아닌가
돌사람과 나무처녀
맞수의 한판 바둑
훈수랄가 뭐랄가
손뼉 쳐 껄껄 웃네

2. 조사의 뜻과 교리는 매우 다르다

그윽한 조사의 뜻 일구만을 전하였고
경전에선 삼승 도리 널리 펴 놓았다네
정명(淨名)의 고함소리에 큰 산도 쓰러짐이여
사리불 지혜 외딴 못의 달그림자처럼 밝네
저자에서 생선 팔다 갈 길을 잊었고
돌수림서 범에 먹혀 왕생했단 이야기는
비록 같은 본체에서 벌어진 방편이나
한여름 대낮 속의 등불과도 같다네

祖教逈異。
祖意逈然傳一句
教中廣布引三乘
淨名倒嶽雷聲吼
鶖子孤潭月影澄
鄽市賣魚忘進趣
巖林飼虎望超升
雖知同體權方便
也似炎天日裏燈

 토끼뿔

조사의 뜻 따로 없다, 따로 없어
글의 뜻에 사무쳐 깨달으면
조사의 뜻, 글의 뜻이로세

3. 학문은 비록 묘하지만

마음 모아 도 배우는 이, 먼지같이 많으나
조계의 바른 뜻 아는 사람 몇이던가
범부와 성인에 걸림이 없으면
벽돌같이 응해서 참다운 수행되리
깜박하는 한 생각에 삿된 마음 일으키면
여러 생의 방일한 원인 이미 지은 걸세
조사께서 친히 보여 주지 않았던들
기틀에 임하여 베풀기 어려우리

學雖得妙。
棲心學道數如塵
認得曹谿有幾人
若使聖凡無罣礙
便應塼瓦是修真
瞥然一念邪思起
已屬多生放逸因
不遇祖師親的指[58]
臨機開口卒難陳

---

58) 的指가 송, 원나라본에는 指的으로 되어 있다.

 토끼뿔

설사 글로 배워도
그 뜻 관해 행하면

글 본뜻에 사무쳐
무릎 치며 깨달으면

조사 뜻과 다름없어
알았다 함 전무하네

4. 질문에 대답하지 못하고

대답함에 구절이 분명하다 자랑 말라
구절과 말에 집착하면 그대를 그르치네
문수가 도에 대해 이른 말도 합당하나
유마의 말없음엔 미치지 못했다네
주인을 만났다면 문 두드릴 필요 없고
참 길을 알았다면 길 설명을 버려라
말에 의한 의혹 없이 모두 알아 마쳤다면
묵묵히 한 세상을 지낸들 어떠하리

問來祇對不得。
莫誇祇對句分明
執句尋言誤殺卿
只合文殊便是道
虧他居士杳無聲
見人須棄敲門物
知路仍忘堠子名
儻若不疑言會盡
何妨默默過浮生

 토끼뿔

말말이 옳고도 옳으나
석가의 입태 출태 그런 뜻도
은근히 보였다면 더 좋을 걸…

5. 지적할 수 없다

남북과 동서에 사는 것도 아니거늘
위아래 허공엔들 견줄 수 있으랴
털끝에 오히려 넓은 도를 나투나
하늘 밖으로 화한다 함 오히려 꺼린다네
사해(四海)를 당장 말려 붉은 먼지 나게 하고
삼도의 나쁜 업을 없앤다 하더라도
이런 것은 모두가 무너지는 것이니
다시 앞에 나아가 조계에게 물어라

無指的。
不居南北與東西
上下虛空豈可齊
現小毛頭猶道廣
變長天外尚嫌低
頓乾四海紅塵起
能竭三塗黑業迷
如此萬般皆屬壞
更須前進問曹谿

 토끼뿔

말말이 옳고도 옳습니다
육조에게 진지하게 논해서
화통하게 서로 통함 있으면
누리에 베풂으로 즐기소서

6. 자신의 즐김에 치우친 집착은...

비록 치우친 집착은 풍류라 못할지라도
솔숲을 나서지 않은 지가 몇십 년이고
부처님께 문안하는 데에도 게으른데
그 누가 허리 굽혀 왕후를 만나보랴
번개 같은 꿈결 세상 견고하지 못하니
애욕 불 속 중생들아 서두르게 쉬기에 늦네
자신의 오온이 본래 영각(靈覺) 성품인데
능하게 잠시도 마음을 부리지 못하누나

自樂僻執。
雖然僻執不風流
懶出松門數十秋
合掌有時慵問佛
折腰誰肯見王侯
電光夢世非堅久
欲火蒼生早晚休
自蘊本來靈覺性
不能暫使挂心頭

 토끼뿔

말말마다 옳으나
곳곳에 여우 꼬리 물리누나

신령한 깨달음의 성품이면
자재히 운용하여

화탕노탕 중생들
지장처럼 구제를 해야하네

7. 문답을 할 땐 일으키고 쓰러뜨릴 줄 알아야 한다.

문답할 땐 일으키고 쓰러뜨릴 줄 알아야 하니
용두사미는 스스로를 속이는 것이다
왕이 칼을 빼는 것은 왕의 뜻에 달려서
거울이 쓸 사람을 기다리는 것과 같다
눈 깜박여 살피면 천리나 어긋나고
고개 숙여 생각하면 만 번을 떠내려간다
누구나 여기에서 깊은 소견 다투니
어찌해야 길에서 들여우를 면하랴

問答須知起倒。
問答須教知起倒
龍頭蛇尾自欺謾
如王秉劍由[59]王意
似鏡當臺待鏡觀
眨眼參差千里莽
低頭思慮萬重灘
各於此道爭深見
何噌前程作野干

---

59) 由가 송, 원나라본에는 猶로 되어 있다.

 토끼뿔

구구하다 구구해
임제 할, 덕산의 방

그리고 구지화상
엄지 세움 알게나

이보다 더한 자비
드물걸세 드물어…

8. 말과 행동이 맞아야 된다

말로는 하지만 행하기는 쉽지 않네
양쪽 광명 해 같고 달 같아야 한다네
깨달으려 정진함에 어찌 밤낮 가리랴
시비(是非)와 탐진치가 게을러서 생긴 걸세
보살들도 설명으론 미치지 못하거늘
성문들이 어찌 감히 평할 수 있으리오
지위도 없는데 오래 앉아 쉬노라면
용천제〔龍神〕가 맞이해 받들 줄 그 누가 알랴

言行相扶。
言語行時不易行
如烏如兎兩光明
寧關晝夜精勤得
非是貪瞋懈怠生
菩薩尚猶難說到
聲聞焉敢擬論評
然無地位長閑坐
誰料龍神來捧迎

 토끼뿔

말과 행 일치 하려면
철저한 보림만이 가능하니
두타의 만행으로 이루소서

9. 일구자(一句子)

일구란 현묘하여 다함이 없음을
나뭇잎 소리에서 알아 마치면
지옥인들 그런 나를 어찌하랴
세상일에 관계 없어 일 없는 사람이니
조사니 교리니도 마음마요, 불법마네
가난한 아들의 비유에서 밝혔고
구슬 바친 게송[60]에 펼친 이치 드러냈네
공문(空門)에 길이 있어 평탄하고 넓기에
간절히 오게 하나 긍정할 이, 누구인가

一句子。
一句子玄不可盡
颯然會了奈渠何
非干世事成無事
祖敎心魔是佛魔
貧子喻中明此道
獻珠偈裏顯張羅
空門有路平兼廣
痛切相招誰肯過

---

60) 법화경에 나오는 내용으로 용왕의 딸이 삼천대천세계만큼이나 귀한 보배구슬을 부처님께 바치고는 바로 성불하였다고 한다.

 토끼뿔

불속에서 춤추는
나무처녀 이거나

물속을 질주하는
돌사내 아니고선

긍정하여 반길 이
아마도 없을 걸세

10. 고금의 대의(大意)

고금에 불자(拂子)로써 동쪽 남쪽 보였으나
그 큰 뜻 미묘하여 쉽게 참구해 긍정하랴
손가락 튕김과 고개 끄덕임은 원래가 하나요
눈 굴리고 손뼉 침, 본래 셋 아니라네
도오(道吾)가 홀(笏)을 들고 춤춘 것, 같은 사람만이 알고
석공(石鞏)이 활 당긴 것, 작자(作者)라야 알 걸세
이 이치를 인가해 준 스승이 없었다면
어떻게 현묘한 이치를 보았으랴

古今大意。
古今以拂示東南
大意幽微肯易參
動指掩頭元是一
斜眸拊掌固非三
道吾舞笏同人會
石鞏彎弓作者諳
此理若無師印授
欲將何見語玄談

 토끼뿔

홀 들고 춤춘 도리 알고픈가?

스승의 은혜 고맙고 고마와
돌사내 구름 타고 단소 불고
옥녀는 무지개 위 춤을 추며
화약동자 물속에서 차 달인다

승(僧) 윤(潤)의 시 3수

1. 보림전(寶林傳)[61]을 읽다가

조사의 달인 선(禪)의 가풍 보림(寶林)에 모이니
2천년의 도덕을 찾을 만 하구나
비록 서쪽 동쪽 나라를 나누나
사람 맘은 막힘없어 부처 맘에 이르네
가섭이 최초에 전해 받아 성대했고
혜능이 마지막 얻어옴이 깊었네

僧潤詩三首。因覽寶林傳。
祖月禪風集寶林
二千餘載道堪尋
雖分西國與東國
不隔人心到佛心
迦葉最初傳去盛
慧能末後得來深

---

61) 보림전(寶林傳) : 당의 고승 지거(智炬)가 801년도에 지은 서적. 석가모니 부처님으로부터 인도에서 불법이 계승되어 온 차례를 기록한 저술.

이 글 보고 단박에 깨달아서 중생을 초월하면
저들이 고금에 미혹되어 있었음을 탄식하리

覽斯頓悟超凡眾
嗟彼常迷古與今

 토끼뿔

지혜의 경지가
부처 경지 이르니

깨달음도 아니고
찾은 것도 아니며

얻은 것은 더더욱
아닌게 사실일세

2. 어느 수행자에게 주다

한 마디에 공하여 세간을 벗어났거늘
불쌍하다, 미혹한 자 개미 같이 도누나
금생에 좌선하여 삼선천[62] 낙 누리니
좋은 구절 항상 읊어 만사가 한가하네
가을 달 두렷하니 밤새워 구경하고
들 구름 흩어지니 어느 산에 떨어졌나
끝끝내 스스로 깨달아야 마치리니
경전의 집착으로 조사 관문 두드리지 말라

贈道者。
一語眞空出世間
可憐迷者蟻循環
此生勝坐三禪樂
好句長吟萬事閑
秋月圓來看盡夜
野雲散去落何山
到頭自了方爲了
休執他經扣祖關

---

62) 삼선천(三禪天) : 색계의 세 번째 하늘. 기쁨마저 여의고 묘하게 누리는 경지.

 토끼뿔

오음산중 떨어지니
대천도 흔적 없고

온 누리 광명으로
충만할 뿐이오니

이 태평의 노래를
쉴 줄을 모른다네

3. 어느 선객에게 주다

망령됨을 없애고 참(眞)에 들면 일만 생각 공하니
수없는 범부 성인 본체가 같구려
미혹할 땐 모두가 불에 드는 나방 같고
깨달으니 누구나 우리 밖의 학과 같네
조각달 그림자는 일천 강에 비치고
외로운 소나무 소리 사시사철 바람결에 따르네
모름지기 마음이라는 마음 바탕에 철저히 사무쳐 계합해서
수고롭게 꿈속을 헤매지 말게나

贈禪客。
了妄歸眞萬慮空
河沙凡聖體通同
迷來盡似蛾投焰
悟去皆如鶴出籠
片月影分千澗水
孤松聲任四時風
直須密契心心地
休苦勞生睡夢中

토끼뿔

가섭이 최초에 뭘 전해 받았는가
새옷 갈아입은 버들 바람과 춤을 추고
함어 나온 나비가 뜰에 내려 쉬고 있네
험.

색 인 표

ㄱ

가경(제9세)(24권)
가관 선사(19권)
가나제바(2권)
가문 선사(16권)
가비마라(1권)
가선 선사(26권)
가섭불(1권)
가야사다(2권)
가지 선사(10권)
가홍 선사(26권)
가훈 선사(26권)
가휴 선사(19권)
가휴(제2세)(24권)
간 선사(22권)
감지 행자(10권)
감홍 선사(15권)
강 선사(21권)
거방 선사(4권)
거회 선사(16권)
건봉 화상(17권)
계학산 화상(19권)
견숙 선사(8권)
겸 선사(20권)
경 선사(23권)
경산 감종(10권)
경산 홍인(11권)
경상(관음원)(26권)
경상(숭복원)(26권)
경소 선사(26권)
경여(제2세)(24권)
경잠 초현(10권)
경조 현자(17권)
경조미 화상(11권)
경준 선사(25권)
경진 선사(26권)
경탈 화상(22권)
경탈 화상(29권)

경통 선사(12권)
경현 선사(26권)
경혜 선사(15권)
경혼 선사(16권)
계눌 선사(21권)
계달 선사(24권)
계번 선사(19권)
계여 암주(21권)
계유 선사(23권)
계조 선사(25권)
계종 선사(24권)
계침 선사(21권)
계허 선사(10권)
고 선사(12권)
고사 화상(8권)
고정 화상(10권)
고정간선사(16권)
고제 화상(9권)
곡산 화상(23권)
곡산장 선사(16권)
곡은 화상(15권)
공기 화상(9권)
곽산 화상(11권)
관계 지한 선사(12권)
관남 장로(30권)
관음 화상(22권)
관주 나한(24권)
광 선사(14권)
광과 선사(23권)
광달 선사(25권)
광덕(제1세)(20권)
광목 선사(12권)
광법 행흠(24권)
광보 선사(13권)
광산 화상(23권)
광오 선사(22권)
광오(제4세)(17권)
광용 선사(12권)

광우 선사(24권)
광원 화상(26권)
광인 선사(15권)
광인 선사(17권)
광일 선사(20권)
광일 선사(25권)
광제 화상(20권)
광징 선사(8권)
광혜진 선사(13권)
광화 선사(20권)
괴성 선사(26권)
교 화상(12권)
교연 선사(18권)
구 화상(24권)
구나함모니불(1권)
구류손불(1권)
구마라다(2권)
구봉 도건(16권)
구봉 자혜(11권)
구산 정원(10권)
구산 화상(21권)
구종산 화상(15권)
구지 화상(11권)
굴다삼장(5권)
귀 선사(22권)
귀본 선사(19권)
귀신 선사(23권)
귀인 선사(20권)
귀정 선사(13권)
귀종 지상(7권)
규봉 종밀(13권)
근 선사(26권)
금륜 화상(22권)
금우 화상(8권)
기림 화상(10권)

ㄴ

나찬 화상(30권)

나한 화상(11권)
나한 화상(24권)
낙보 화상(30권)
남대 성(21권)
남대 화상(20권)
남악 남대(20권)
남악 회양(5권)
남원 화상(12권)
남원 화상(19권)
남전 보원(8권)
낭 선사(23권)
내 선사(22권)
녹 화상(21권)
녹수 화상(11권)
녹원 화상(13권)
녹원휘 선사(16권)
녹청 화상(15권)

ㄷ

다복 화상(11권)
단기 선사(23권)
단하 천연(14권)
달 화상(24권)
담공 화상(12권)
담근(제2세)(20권)
담명 화상(23권)
담장 선사(8권)
담조 선사(10권)
담최 선사(4권)
대각 선사(12권)
대각 화상(12권)
대동 선사(15권)
대랑 화상(23권)
대력 화상(24권)
대령 화상(17권)
대모 화상(10권)
대범 화상(20권)
대비 화상(12권)

색 인 표

대승산 화상(23권)
대안 선사(9권)
대양 화상(8권)
대육 선사(7권)
대의 선사(7권)
대전 화상(14권)
대주 혜해(6권)
대천 화상(14권)
덕겸 선사(23권)
덕부 스님(29권)
덕산 선감(15권)
덕산(제7세)(20권)
덕소 국사(25권)
덕해 선사(22권)
도 선사(21권)
도간(제2세)(20권)
도건 선사(23권)
도견 선사(26권)
도겸 선사(23권)
도광 선사(21권)
도단 선사(26권)
도림 선사(4권)
도명 선사(4권)
도명 선사(6권)
도부 선사(18권)
도부 대사(19권)
도상 선사(10권)
도상 선사(25권)
도수 선사(4권)
도신 대사(3권)
도연 선사(20권)
도오(관남)(11권)
도오(천황)(14권)
도원 선사(26권)
도유 선사(17권)
도은 선사(21권)
도은 선사(23권)
도응 선사(17권)

도자 선사(26권)
도잠 선사(25권)
도전 선사 (17권)
도전(제12세)(24권)
도제(제11세)(26권)
도통 선사(6권)
도한 선사(17권)
도한 선사(22권)
도행 선사(6권)
도헌 선사(12권)
도흠 선사 (25권)
도흠 선사(4권)
도흠(제2세)(24권)
도희 선사(21권)
도희 선사(22권)
동계 화상(20권)
동봉 암주(12권)
동산 양개(15권)
동산혜 화상(9권)
동선 화상(19권)
동안 화상(8권)
동안 화상(16권)
동정 화상(23권)
동천산 화상(20권)
동탑 화상(12권)
둔유 선사(17권)
득일 선사(21권)
등등 화상(30권)

ㄹ
라후라다(2권)

ㅁ
마나라(2권)
마명 대사(1권)
마조 도일(6권)
마하가섭(1권)
만 선사(22권)

만세 화상(9권)
만세 화상(12권)
명 선사(17권)
명 선사(22권)
명 선사(23권)
명교 선사(22권)
명달소안(제4세)(26)권
명법 대사(21권)
명변 대사(22권)
명식 대사(22권)
명오 대사(22권)
명원 선사(21권)
명진 대사(19권)
명진 선사(21권)
명철 선사(7권)
명철 선사(14권)
명혜 대사(24권)
명혜 선사(22권)
모 화상(17권)
자사진조(12권)
몽계 화상(8권)
몽필 화상(19권)
묘공 대사(21권)
묘과 대사(21권)
무등 선사(7권)
무료 선사(8권)
무업 선사(8권)
무염 대사(12권)
무원 화상(15권)
무은 선사(17권)
무일 선사(24권)
무주 선사(4권)
무휴 선사(20권)
문 화상(22권)
문수 선사(17권)
문수 선사(25권)
문수 화상(16권)
문수 화상(20권)

문습 선사(24권)
문언 선사(19권)
문의 선사(21권)
문익 선사(24권)
문흠 선사(22권)
문희 선사(12권)
미령 화상(12권)
미령 화상(8권)
미선사(제2세)(23권)
미차가(1권)
미창 화상(12권)
미창 화상(14권)
민덕 화상(12권)

ㅂ
바사사다(2권)
바수밀(1권)
바수반두(2권)
박암 화상(17권)
반산 화상(15권)
반야다라(2권)
방온 거사(8권)
배도 선사(30권)
배휴(12권)
백거이(10권)
백곡 화상(23권)
백령 화상(8권)
백수사화상(16권)
백운 화상(24권)
백운약 선사(15권)
범 선사(20권)
범 선사(23권)
법건 선사(26권)
법괴 선사(26권)
법단 대사(11권)
법달 선사(5권)
법등 태흠(30권)
법만 선사(13권)

색인표

법보 선사(22권)
법상 선사(7권)
법운 대사(22권)
법운공(27권)
법융 선사(4권)
법의 선사(20권)
법제 선사(23권)
법제(제2세)(26권)
법지 선사(4권)
법진 선사(11권)
법해 선사(5권)
법현 선사(24권)
법회 선사(6권)
변륭 선사(26권)
변실(제2세)(26권)
보 선사(22권)
보개산 화상(17권)
보개약 선사(16권)
보광 혜심(24권)
보광 화상(14권)
보리달마(3권)
보만 대사(17권)
보명 대사(19권)
보문 대사(19권)
보봉 신당(17권)
보봉 화상(15권)
보수 화상(12권)
보수소 화상(12권)
보승 선사(24권)
보안 선사(9권)
보운 선사(7권)
보응 화상(12권)
보적 선사(7권)
보지 선사(27권)
보철 선사(7권)
보초 선사(24권)
보화 화상(10권)
보화 화상(24권)

복계 화상(8권)
복룡산(제1세)(17권)
복룡산(제2세)(17권)
복룡산(제3세)(17권)
복림 선사(13권)
복분 암주(12권)
복선 화상(26권)
복수 화상(13권)
복타밀다(1권)
본계 화상(8권)
본동 화상(14권)
본선 선사(26권)
본인 선사(17권)
본정 선사(5권)
봉 선사(11권)
봉 화상(23권)
봉린 선사(20권)
부강 화상(11권)
부나야사(1권)
부배 화상(8권)
부석 화상(11권)
불암휘 선사(12권)
불여밀다(2권)
불오 화상(8권)
불일 화상(20권)
불타 화상(14권)
불타난제(1권)
붕언 대사(26권)
비 선사(20권)
비구니 요연(11권)
비마암 화상(10권)
비바시불(1권)
비사부불(1권)
비수 화상(8권)
비전복 화상(16권)

ㅅ

사 선사(23권)

사건 선사(17권)
사구 선사(26권)
사귀 선사(22권)
사내 선사(19권)
사눌 선사(21권)
사명 선사(12권)
사명 화상((15권)
사밀 선사(23권)
사보 선사(23권)
사선 화상(16권)
사야다(2권)
사언 선사(17권)
사욱 선사(18권)
사위 선사(20권)
사자 존자(2권)
사정 상좌(21권)
사조 선사(10권)
사지 선사(26권)
사진 선사(22권)
사해 선사(11권)
사호 선사(26권)
삼상 화상(20권)
삼성 혜연(12권)
삼양 암주(12권)
상 선사(22권)
상 화상(22권)
상각 선사(24권)
상관 선사(9권)
상나화수(1권)
상전 화상(26권)
상진 선사(23권)
상찰 선사(17권)
상통 선사(11권)
상혜 선사(21권)
상홍 선사(7권)
서 선사(19권)
서륜 선사(25권)
서목 화상(11권)

서선 화상(10권)
서선 화상(20권)
서암 화상(17권)
석가모니불(1권)
석경 화상(23권)
석구 화상(8권)
석두 희천(14권)
석루 화상(14권)
석림 화상(8권)
석상 경제(15권)
석상 대선(8권)
석상 성공(9권)
석상휘 선사(16권)
석제 화상(11권)
석주 화상(16권)
선각 선사(8권)
선도 선사(20권)
선도 화상(14권)
선미(제3세)(26권)
선본 선사(17권)
선상 대사(22권)
선소 선사(13권)
선소 선사(24권)
선자 덕성(14권)
선장 선사(17권)
선정 선사(20권)
선천 화상(14권)
선최 선사(12권)
선혜 대사(27권)
설봉 의존(16권)
성공 선사(14권)
성선사(제3세)(20권)
성수엄 선사(17권)
소 화상(22권)
소계 화상(30권)
소명 선사(26권)
소산 화상(30권)
소수 선사(24권)

색인표 317

색 인 표

소암 선사(25권)
소요 화상(8권)
소원(제4세)(24권)
소자 선사(23권)
소종 선사(12권)
소진 대사 (12권)
소현 선사(25권)
송산 화상(8권)
수 선사(24권)
수계 화상(8권)
수공 화상(14권)
수눌 선사(19권)
수눌 선사(26권)
수당 화상(8권)
수로 화상(8권)
수룡산 화상(21권)
수류 화상(12권)
수빈 선사(21권)
수산 성념(13권)
수안 선사(24권)
수월 대사(21권)
수유산 화상(10권)
수인 선사(25권)
수진 선사(24권)
수청 선사(22권)
순지 대사(12권)
숭 선사(22권)
숭교 대사(23권)
숭산 화상(10권)
숭은 화상(16권)
숭진 화상(23권)
숭혜 선사(4권)
습득(27권)
승 화상(23권)
승가 화상(27권)
승가난제(2권)
승광 화상(11권)
승나 선사(3권)

승둔 선사(26권)
승밀 선사(15권)
승일 선사(16권)
승찬 대사(3권)
시기불(1권)
시리 선사(14권)
신건 선사(11권)
신당 선사(17권)
신라 청원(17권)
신록 선사(23권)
신수 선사(4권)
신안 국사(18권)
신장 선사(8권)
신찬 선사(9권)
실성 대사(22권)
심 선사(23권)
심철 선사(20권)
쌍계전도자(12권)

ㅇ

아난 존자(1권)
악록산 화상(22권)
안선사(제1세)(20권)
암 화상(20권)
암두 전활(16권)
암준 선사(15권)
앙산 혜적(11권)
애 선사(23권)
약산 유엄(14권)
약산(제7세)(23권)
약산고 사미(14권)
양 선사(6권)
양 좌주(8권)
양광 선사(25권)
양수 선사(9권)
언단 선사(22권)
언빈 선사(20권)
엄양 존자(11권)

여눌 선사(15권)
여만 선사(6권)
여민 선사(11권)
여보 선사(12권)
여신 선사(22권)
여체 선사(19권)
여회 선사(7권)
역촌 화상(12권)
연 선사(21권)
연관 선사(24권)
연교 대사(12권)
연규 선사(25권)
연덕 선사(26권)
연무 선사(17권)
연수 선사(26권)
연수 화상(23권)
연승 선사(26권)
연종 선사(19권)
연화(제2세)(23권)
연화상(제2세)(23권)
영 선사(19권)
영가 현각(5권)
영각 화상(20권)
영감 선사(26권)
영감 화상(23권)
영관사(12권)
영광 선사(24권)
영규 선사(15권)
영도 선사(5권)
영명 대사(18권)
영묵 선사(7권)
영서 화상(13권)
영숭(제1세)(23권)
영안(제5세)(26권)
영암 화상(23권)
영엄 선사(23권)
영운 지근(11권)
영준 선사(15권)

영초 선사(16권)
영태 화상(19권)
영평 선사(23권)
영함 선사(21권)
영훈 선사(10권)
오공 대사(23권)
오공 선사(24권)
오구 화상(8권)
오운 화상(30권)
오통 대사(23권)
온선사(제1세)(20권)
와관 화상(16권)
와룡 화상(17권)
와룡 화상(20권)
왕경초상시(11권)
요 화상(23권)
요각(제2세)(21권)
요공 대사(21권)
요산 화상(11권)
요종 대사(21권)
용 선사(20권)
용수 존자(1권)
용계 화상(20권)
용광 화상(20권)
용담 숭신(14권)
용산 화상(8권)
용아 거둔(17권)
용운대 선사(9권)
용준산 화상(17권)
용천 화상(23권)
용청 선사(26권)
용혈산 화상(23권)
용회 도심(30권)
용흥 화상(17권)
우녕 선사(26권)
우두미 선사(15권)
우바국다(1권)
우섬 선사(26권)

색 인 표

우안 선사(26권)
우연 선사(21권)
우연 선사(22권)
우진 선사(26권)
운개 지한(17권)
운개경 화상(17권)
운산 화상(12권)
운암 담성(14권)
운주 화상(20권)
운진 선사(23권)
원 선사(22권)
원 화상(23권)
원광 선사(23권)
원규 선사(4권)
원명 선사(11권)
원명(제3세)(23권)
원명(제9세)(22권)
원소 선사(26권)
원안 선사(16권)
원엄 선사(19권)
원제 선사(26권)
원조 대사(23권)
원지 선사(14권)
원지 선사(21권)
월륜 선사(16권)
월화 화상(24권)
위 선사(20권)
위국도 선사(9권)
위부 화엄(30권)
위산 영우(9권)
유 선사(24권)
유 화상(24권)
유건 선사(6권)
유경 선사(29권)
유계 화상(15권)
유관 선사(7권)
유연 선사(17권)
유원 화상(8권)

유장 선사(20권)
유정 선사(4권)
유정 선사(6권)
유정 선사(9권)
유척 선사(4권)
육긍 대부(10권)
육통원소선사(17권)
윤 선사(22권)
윤 스님(29권)
은미 선사(23권)
은봉 선사(8권)
응천 화상(11권)
의능(제9세)(26권)
의름 선사(26권)
의소 화상(23권)
의안 선사(14권)
의원 선사(26권)
의유(제13세)(26권)
의인 선사(23권)
의전 선사(26권)
의초 선사(12권)
의총 선사(22권)
의충 선사(14권)
이산 화상(8권)
이종 선사(10권)
인 선사(19권)
인 선사(22권)
인 화상(23권)
인검 선사(4권)
인종 화상(5권)
인혜 대사(18권)
일용 화상(11권)
일자 화상(10권)
임전 화상(19권)
임제 의현(12권)
임천 화상(22권)

ㅈ

자광 화상(23권)
자국 화상(16권)
자동 화상(11권)
자만 선사(6권)
자복 화상(22권)
자재 선사(7권)
자화 선사(22권)
장 선사(20권)
장 선사(23권)
장경 혜릉(18권)
장용 선사(22권)
장이 선사(10권)
장평산 화상(12권)
적조 선사(21권)
전긍 선사(26권)
전법 화상(23권)
전부 선사(12권)
전식 선사(4권)
전심 대사(21권)
전은 선사(24권)
전초 선사(20권)
정 선사(21권)
정과 선사(20권)
정수 대사(22권)
정수 선사(13권)
정오 대사(21권)
정오 선사(20권)
정원 화상(23권)
정조 혜동(26권)
정혜 선사(24권)
정혜 화상(21권)
제 선사(25권)
제다가(1권)
제봉 화상(8권)
제안 선사(7권)
제안 화상(10권)
조 선사(9권)
조 선사(22권)

조산 본적(17권)
조수(제2세)(24권)
조주 종심(10권)
존수 선사(16권)
종괴 선사(21권)
종귀 선사(22권)
종랑 선사(11권)
종범 선사(17권)
종선 선사(24권)
종성 선사(23권)
종습 선사(19권)
종실 선사(23권)
종의 선사(26권)
종일 선사(21권)
종일 선사(26권)
종전 선사(19권)
종정 선사(19권)
종지 선사(20권)
종철 선사(12권)
종현 선사(25권)
종혜 대사(23권)
종효 선사(21권)
종혼 선사(21권)
주 선사(24권)
주지 선사(21권)
준 선사(24권)
준고 선사(15권)
중도 화상(20권)
중만 선사(23권)
중운개 화상(16권)
중흥 선사(15권)
증각 선사(23권)
증선사(제2세)(20권)
지 선사(4권)
지견 선사(6권)
지관 화상(12권)
지구 선사(22권)
지균 선사(25권)

색 인 표

지근 선사(26권)
지단 선사(22권)
지덕 대사(21권)
지도 선사(5권)
지륜 선사(24권)
지묵(제2세)(22권)
지봉 대사(26권)
지봉 선사(4권)
지부 선사(18권)
지상 선사(5권)
지성 선사(5권)
지암 선사(4권)
지엄 선사(24권)
지옹(제3세)(24권)
지원 선사(16권)
지원 선사(17권)
지원 선사(21권)
지위 선사(4권)
지은 선사(24권)
지의 대사(25권)
지의 선사(27권)
지의 화상(12권)
지장 선사(7권)
지장 화상(24권)
지적 선사(22권)
지조(제3세)(23권)
지진 선사(9권)
지징 대사(26권)
지철 선사(5권)
지통 선사(10권)
지통 선사(5권)
지행(제2세)(23권)
지황 선사(5권)
지휘 선사(20권)
진 선사(20권)
진 선사(23권)
진 존숙(12권)
진각 대사(18권)

진각 대사(24권)
진감(제4세)(23권)
진랑 선사(14권)
진응 선사(13권)
진적 선사(21권)
진적 선사(23권)
진화상(제3세)(23권)
징 선사(22권)
징 화상(24권)
징개 선사(24권)
징원 선사(22권)
징정 선사(21권)
징조 대사(15권)

ㅊ

찰 선사(29권)
창선사(제3세)(20권)
책진 선사(25권)
처미 선사(9권)
처진 선사(20권)
천개유 선사(16권)
천룡 화상(10권)
천복 화상(15권)
천왕원 화상(20권)
천태 화상(17권)
청간 선사(12권)
청교 선사(23권)
청면(제2세)(23권)
청모 선사(24권)
청법 선사(21권)
청석 선사(25권)
청양 선사(13권)
청요 선사(23권)
청용 선사(25권)
청욱 선사(26권)
청원 화상(17권)
청원 행사(5권)

청좌산 화상(20권)
청진 선사(23권)
청품(제8세)(23권)
청해 선사(23권)
청해 선사(24권)
청호 선사(21권)
청환 선사(21권)
청활 선사(22권)
초 선사(20권)
초남 선사(12권)
초당 화상(8권)
초복 화상(15권)
초오 선사(19권)
초증 대사(18권)
초훈(제4세)(24권)
총인 선사(7권)
추산 화상(17권)
충언(제8세)(23권)
취미 무학(14권)
칙천 화상(8권)
침 선사(22권)

ㅌ

타지 화상(8권)
태원부 상좌(19권)
태흠 선사(25권)
통 선사(17권)
통 선사(19권)
통법 도성(26권)
통변 도홍(26권)
통화상(제2세)(24권)
투자 감온(15권)

ㅍ

파조타 화상(4권)
파초 화상(16권)
파초 화상(20권)

포대 화상(27권)
풍 선사(23권)
풍간 선사(27권)
풍덕사 화상(12권)
풍혈 연소(13권)
풍화 화상(20권)

ㅎ

하택 신회(5권)
학륵나(2권)
학림 선사(4권)
한 선사(10권)
한산자(27권)
함계 선사(17권)
함광 선사(24권)
함택 선사(21권)
항마장 선사(4권)
해안 선사(16권)
해호 화상(16권)
행랑 선사(23권)
행명 대사(26권)
행수 선사(17권)
행숭 선사(22권)
행애 선사(23권)
행언 도사(25권)
행인 선사(23권)
행전 선사(20권)
행주 선사(19권)
행충(제1세)(23권)
향 거사(3권)
향성 화상(20권)
향엄 지한(11권)
향엄의단선사(10권)
헌 선사(20권)
현눌 선사(19권)
현량 선사(24권)
현밀 선사(23권)
현사 사비(18권)

색 인 표

현소 선사(4권)
현오 선사(20권)
현정 대사(4권)
현지 선사(24권)
현진 선사(10권)
현책 선사(5권)
현천언 선사(17권)
현천(제2세)(23권)
현칙 선사(25권)
현태 상좌(16권)
현통 선사(18권)
협 존자(1권)
협산 선회(15권)
혜 선사(20권)
혜 선사(22권)
혜 선사(23권)
혜가 대사(3권)
혜각 대사(21권)
혜각 선사(11권)
혜거 국사(25권)
혜거 선사(20권)
혜거 선사(26권)
혜공 선사(16권)
혜광 대사(23권)
혜능 대사(5권)
혜달 선사(26권)
혜랑 선사(14권)
혜랑 선사(21권)
혜랑 선사(26권)
혜렴 선사(22권)
혜륜 대사(22권)
혜만 선사(3권)
혜명 선사(25권)
혜방 선사(4권)
혜사 선사(27권)
혜성 선사(14권)
혜성(제14세)(26권)
혜안 국사(4권)

혜오 선사(21권)
혜원 선사(25권)
혜월법단(제3세)(26권)
혜일 대사(11권)
혜장 선사(6권)
혜제 선사(25권)
혜종 선사(17권)
혜철(제2세)(23권)
혜청 선사(12권)
혜초 선사(9권)
혜충 국사(5권)
혜충 선사(4권)
혜충 선사(23권)
혜하 대사(20권)
혜해 선사(20권)
호감 대사(22권)
호계 암주(12권)
홍구 선사(12권)
홍나 화상(8권)
홍변 선사(9권)
홍엄 선사(21권)
홍은 선사(6권)
홍인 대사(3권)
홍인 선사(22권)
홍장(제4세)(23권)
홍제 선사(23권)
홍진 선사(24권)
홍천 선사(16권)
홍통 선사(20권)
화룡 화상(23권)
화림 화상(14권)
화산 화상(17권)
화엄 화상(20권)
환보 선사(16권)
환중 선사(9권)
황룡(제2세)(26권)
황벽 희운(9권)
회기 대사(23권)

회악 선사(18권)
회악(제4세)(20권)
회우 선사(16권)
회운 선사(7권)
회운 선사(20권)
회정 선사(9권)
회주 선사(23권)
회초(제2세)(23권)
회충 선사(16권)
회통 선사(4권)
회해 선사(6권)
횡룡 화상(23권)
효료 선사(5권)
효영(제5세)(26권)
효오 대사(21권)
후 화상(22권)
후동산 화상(20권)
후초경 화상(22권)
휴정 선사(17권)
흑간 화상(8권)
흑수 화상(24권)
흑안 화상(8권)
흥고 선사(23권)
흥법 대사(18권)
흥평 화상(8권)
흥화 존장(12권)
희변 선사(26권)
희봉 선사(25권)
희원 선사(26권)

부 록

농선 대원 선사님 12게송

    농선 대원 선사님의 깨달음의 정수를 담은 12게송은 극한의 고통을 수반한 큰 병환 중에 지으신 것이다.

    극한의 고통을 무념의 경지에서 비워 이러한 경지여야만 생사를 초월할 수 있음을 실경으로 보여 주셨다.

    실제 깨닫지 못하고 말로만 깨달음을 말하거나 혹은 깨달았다 해도 보림이 미진한 이들을 경계하게 하며, 실증의 바탕에서 닦아 증득할 수 있도록 하셨으니, 생사를 결단하고 본연한 참나를 회복하려는 이들에게 칠흑 같은 밤길에 등불과 같은 길잡이가 될 것이다.

희비송(喜悲頌)

이름도 없고 상도 없는 일 없는 사람이
태평의 노래를 흥에 취해 불렀더니
때도 없고 끝도 없는 구제의 일이
대천세계에 충만히 펼쳐졌네

無名無相無事人
太平之歌唱興醉
無時無端救濟事
大千世界布充滿

정신송(正信頌)

이름도 없고 상도 없는 이 바탕인 몸이여
이 바탕을 깨달은 믿음이라야 이 바른 믿음이라
이와 같은 믿음이 없이는 마음이 나라 말라
눈 광명이 땅에 떨어질 때 한이 만단이나 되리라

無名無相是地體
悟地之信是正信
若無是信莫心我
眼光落地恨萬端

진심송(眞心頌)

이름도 없고 상도 없는 이 진공이여
공이라는 공은 공이라 함마저도 없는 이 참 바탕이라
이와 같은 바탕이라야 이 공인 몸이니
이와 같은 몸이 아니면 참다운 마음이 아니니라

無名無相是眞空
空空無空是眞地
如是之地是空體
如是非體非眞心

업신송(業身頌)

업의 몸이란 것은 고통의 근본이요
업의 마음이란 것은 환란의 근본이니라
업의 행이란 것은 다툼의 근본이요
업의 일이란 것은 허망의 근본이니라

業身乃苦痛之本
業心乃患亂之本
業行乃鬪爭之本
業事乃虛妄之本

보림송(保任頌) 1

업의 몸을 다스리는 데는 계행이 최상이요
업의 마음을 다스리는 데는 인내가 최상이니라
계행과 인내로 잘 다스리면 보림이 순조롭고
보림이 잘 이루어지면 구경에 이르느니라

治業身之戒最上
治業心之忍最上
善治戒忍順保任
善成保任至究竟

보림송(保任頌) 2

육신의 욕망은 하나까지라도 모두 버려야 하고
육신을 향한 생각은 남음이 없이 버려야 하느니라
이와 같이 보림하면 업이 중한 사람일지라도
당생에 반드시 구경지를 성취하리라

肉身欲望捨都一
肉身向思捨無餘
如是保任重業人
當生必成究竟地

공성본질송(空性本質頌) 1

무극인 빈 성품의 본래 몸은
언어나 마음과 행위로 표현 못 하나
모든 부처님과 만물이 이로 좇아 생겼으며
궁극에 일체가 돌아가 의지할 곳이니라

無極空性之本體
言語道斷滅心行
諸佛萬物從此生
窮極一切歸依處

공성본질송(空性本質頌) 2

혼연한 빈 바탕을 이름해서 무아라 하고
무아의 다른 이름이 이 무극이니라
유정 무정이 이로 좇아 생겼으며
궁극에 일체가 돌아가 의지할 곳이니라

渾然空地名無我
無我異名是無極
有情無情從此生
窮極一切歸依處

공성본질송(空性本質頌) 3

이러-히 밝게 사무친 것을 이름해서 견성이라 하고
이 바탕에 밝게 사무쳐야 바르게 깨달은 사람이니
도를 닦는 사람은 반드시 명심해서
각자 관조하여 그릇 깨달음이 없어야 하느니라

如是明徹名見性
是地明徹正悟人
修道之人必銘心
各者觀照無非悟

명정오송(明正悟頌)

밝지도 어둡지도 않은 곳을 향해서
그윽한 본래의 바탕에 합하여야
이것을 진실한 깨달음이라 하는 것이니
그렇지 않다면 바른 깨달음이 아니니라

向不明暗處
冥合本來地
此是眞實悟
不然非正悟

무아송(無我頌)

중생들이 말하는 무아라는 것은
변하고 달라지는 나를 말하는 것이요
깨달은 사람의 무아는
변하지 않는 나를 말하는 것이다

衆生之無我
變異之言我
悟人之無我
不變之言我

태시송(太始頌)

탐착한 묘한 광명에 합한 것이 상을 이루었고
상에 집착하여 사는데서 익힌 것이 모든 업을 이루었다
업을 인해서 만반상이 생겨 나왔으며
만상으로 해서 만반법이 생겨 나왔다

貪着妙光合成相
執相生習成諸業
因業生出萬般象
萬象生出萬般法

도서출판 문젠(Moonzen Press)의 책들

출간 도서

바로보인 전등록 전 5권
바로보인 무문관
바로보인 벽암록
바로보인 천부경·교화경·치화경
바로보인 금강경
세월을 북채로 세상을 북삼아
영원한 현실
바로보인 신심명
바로보인 환단고기 전 5권
바로보인 선문염송 전 30권
앞뜰에 국화꽃 곱고 북산에 첫눈 희다
바로보인 증도가
바로보인 반야심경
선을 묻는 그대에게 1·2
바로보인 선가귀감
바로보인 법융선사 심명
주머니 속의 심경
바로보인 법성게
달다 -전강 대선사 법어집
기우목동가
초발심자경문
방거사어록
실증설

하택신회대사 현종기
불조정맥 – 한·영·중 3개국어판
바른 불자가 됩시다
누구나 궁금한 33가지
108진참회문 – 한·영·중 3개국어판
달마의 일할도 허락지 않는다
마음대로 앉아 죽고 서서 죽고
화두 3개국어판 – 한·영·중
바로보인 간당론
완전한 우리말 불공예식법
바로보인 유마경
실증설 5개국어판 – 한·영·불·서·중
누구나 궁금한 33가지 3개국어판
– 한·영·중
달마의 일할도 허락지 않는다
3개국어판 – 한·영·중
법성게 3개국어판 – 한·영·중
정법의 원류
바로보인 도가귀감
바로보인 유가귀감
화엄경 81권
바로보인 전등록 전 30권

출간예정 도서

바로보인 능엄경 제6권
바로보인 원각경
바로보인 육조단경
바로보인 대전화상주 심경
바로보인 위앙록
해동전등록 전 10권
말 밖의 말
언어의 향기
농선 대원 선사 선송집

진리와 과학의 만남
바로보인 5대 종교
금강경 야부송과 대원선사 토끼뿔
선재동자 참알 오십삼선지식
경봉선사 혜암선사 법을 들어 설하다
십현담 주해
불교대전
태고보우선사 어록

1. 바로보인 전등록 (전30권을 5권으로)

7불과 역대 조사의 말씀이 1,700공안으로 집대성되어 있는 선종 최고의 고전으로, 깨달음의 정수가 살아 숨 쉬도록 새롭게 번역되었다.
464, 464, 472, 448, 432쪽.
각권 18,000원

2. 바로보인 무문관

황룡 무문 혜개 선사가 저술한 공안집으로 전등록, 선문염송, 벽암록 등과 함께 손꼽히는 선문의 명저이다. 본칙 48개와 무문 선사의 평창과 송, 여기에 역저자인 대원선사의 도움말과 시송으로 생명과 같은 선문의 진수를 맛보여 주고 있다.
272쪽. 12,000원

3. 바로보인 벽암록

설두 선사의 설두송고를 원오 극근 선사가 수행자에게 제창한 것이 벽암록이다.
이 책은 본칙과 설두 선사의 송, 대원선사의 도움말과 시송으로 이루어져, 벽암록을 오늘에 맞게 바로 보이고 있다.
456쪽. 15,000원

4. 바로보인 천부경

우리 민족 최고(最古)의 경전 천부경을 깨달음의 책으로 새롭게 바로 보였다. 이 책에는 81권의 화엄경을 81자에 함축한 듯한 천부경과, 교화경, 치화경의 내용이 함께 담겨 있으며, 역저자인 대원선사가 도움말, 토끼뿔, 거북털 등으로 손쉽게 닦아 증득하는 문을 열어 놓고 있다.
432쪽. 15,000원

5. 바로보인 금강경
대원선사의 『바로보인 금강경』은 국내 최초로 독창적인 과목을 내어 부처님과 수보리 존자의 대화 이면의 숨은 뜻을 드러내고, 자문과 시송으로 본문의 핵심을 꿰뚫어 밝혀, 금강경 전체를 손바닥 안의 겨자씨를 보듯 설파하고 있다.
488쪽. 15,000원

6. 세월을 북채로 세상을 북삼아
대원선사의 선시가 담긴 선시화집『세월을 북채로 세상을 북삼아』는 선과 시와 그림이 정상에서 만나 어우러진 한바탕이다.
선의 세계를 누리는 불가사의한 일상의 노래, 법열의 환희로 취한 어깨춤과 같은 선시가 생생하고 눈부시게 내면의 소리로 흐른다.
180쪽. 15,000원

7. 영원한 현실
애매모호한 구석이 없이 밝고 명쾌하여, 너무도 분명함에 오히려 그 깊이를 헤아리기 어려운, 대원선사의 주옥같은 법문을 모아 놓은 법문집이다.
400쪽. 15,000원

8. 바로보인 신심명
신심명은 양끝을 들어 양끝을 쓸어버리는, 40대치법으로 이루어진, 3조 승찬 대사의 게송이다. 이를 대원선사가 바로 번역하는 것은 물론, 주해, 게송, 법문을 더해 통쾌하게 회통하고 자유자재 농한 것이 이『바로보인 신심명』이다.
296쪽. 10,000원

9. 바로보인 환단고기 (전5권)

『바로보인 환단고기』 1권은 민족정신의 정수인 환단고기의 진리를 총정리하여 출간하였다. 2권에는 역사총론과 태초에서 배달국까지 역사가 실려 있으며, 3권은 단군조선, 4권은 북부여에서부터 고려까지의 역사가 실려 있다. 5권에는 역사를 증명하는 부록과 함께 환단고기 원문을 실었다. 344 · 368 · 264 · 352 · 344쪽.
각권 12,000원

10. 바로보인 선문염송 (전30권)

선문염송은 세계최대의 공안집이다. 전 공안을 망라하다시피 했기에 불조의 법 쓰는 바를 손바닥 들여다보듯 하지 않고는 제대로 번역할 수 없다. 대원선사는 전 공안을 바로 참구할 수 있게끔 번역하고 각 칙마다 일러보였다. 352 368 344 352 360 360 400 440 376 392 384 428 410 380 368 434 400 404 406 440 424 460 472 456 504 528 488 488 480 512쪽. 각권 15,000원

11. 앞뜰에 국화꽃 곱고 북산에 첫눈 희다

대원선사의 선문답집으로 전강 · 경봉 · 숭산 · 묵산 선사와의 명쾌한 문답을 실었으며, 중앙일보의 〈한국불교의 큰스님 선문답〉열 분의 기사와 기자의 질문에 대한 대원선사의 별답을 함께 실었다.
200쪽. 5,000원

12. 바로보인 증도가

선종사에 사라지지 않을 발자취로 남은 영가 선사의 증도가를 대원선사가 번역하고 법문과 송을 더하였다.
자비의 방편인 증도가의 말씀을 하나하나 쳐가는 선사의 일갈이야말로 영가 선사의 본 의중과 일치하여 부합하는 것이라 아니할 수 없다.
376쪽. 10,000원

13. 바로보인 반야심경

이 시대의 야부(冶父)선사, 대원선사가 최초로 반야심경에 과목을 붙여 반야심경 내면에 흐르는 뜻을 밀밀하게 밝혀놓고 거침없는 송으로 들어보였다.
264쪽. 10,000원

14. 선(禪)을 묻는 그대에게 (전10권 중 2권)

대원선사의 선수행에 대한 문답집.
깨달아 사무친 경지에 대한 밀밀한 점검과, 오후보림에 대한 구체적인 수행법 제시와, 최초의 무명과 우주생성의 원리까지 낱낱이 설한 법문이 담겨 있다.
280쪽, 272쪽. 각권 15,000원

15. 바로보인 선가귀감

선가귀감은 깨닫고 닦아가는 비법이 고스란히 전수되어 있는 선가의 거울이라 할 만하다. 더욱이 바로보인 선가귀감은 매 소절마다 대원선사의 시송이 화살을 과녁에 적중시키듯 역대 조사와 서산대사의 의중을 꿰뚫어 보석처럼 빛나고 있다.
352쪽. 15,000원

16. 바로보인 법융선사 심명

심명 99절의 한 소절, 한 소절이 이름 그대로 마음에 새겨두어야 할 자비광명들이다.
이 심명은 언어와 문자이면서 언어와 문자를 초월한 일상을 영위하게 하는 주옥같은 법문이다.
278쪽. 12,000원

17. 주머니 속의 심경

반야심경은 부처님이 설하신 경 중에서도 절제된 경으로 으뜸가는 경이다. 대원선사의 선송(禪頌)도 그 뜻을 따라 간략하나 선의 풍미를 한껏 담고 있다. 하루에 한 소절씩을 읽고 참구한다면 선 수행의 지름길이 될 것이다.
 84쪽. 5,000원

18. 바로보인 법성게

법성게는 한마디로 화엄경의 핵심부를 온통 훤출히 드러내놓은 게송이다. 짧은 글 속에 일체의 법을 이렇게 통렬하게 담아놓은 법문도 드물 것이다.
이렇게 함축된 법성게 법문을 대원선사가 속속들이 밀밀하게 설해놓았다.
176쪽. 10,000원

19. 달다 - 전강 대선사 법어집

이제는 전설이 된 한국 근대선의 거목인 전강 선사님의 최상승법과 예리한 지혜, 선기로 넘쳤던 삶이 생생하게 담겨 있는 전강 대선사 법어집〈달다〉!
전강 대선사님의 인가 제자인 대원선사가 전강 대선사님의 법거량과 법문, 일화를 재조명하여 보였다.
368쪽. 15,000원

20. 기우목동가

그 뜻이 심오하여 번역하기 어려웠던 말계 지은 선사의 기우목동가!
대원선사가 바른 뜻이 드러나도록 번역하고, 간결한 결문과 주옥같은 선송으로 다시 보였다.
 146쪽. 10,000원

21. 초발심자경문

이 초발심자경문은 한문을 새기는 힘인 문리를 터득하게 하기 위하여 일부러 의역하지 않고 직역하였다. 대원선사의 살아있는 수행지침도 실려 있다.
266쪽. 10,000원

22. 방거사어록

방거사어록은 선의 일상, 선의 누림을 보여주는 대표적인 선문이다. 역저자인 대원선사는 방거사어록의 문답을 '본연의 바탕에서 꽃피우는 일상의 함'이라 말하고 있다. 법의 흔적마저 없는 문답의 경지를 온전하게 드러내 놓은 번역과, 방거사와 호흡을 함께 하는 듯한 '토끼뿔'이 실려 있다.
306쪽. 15,000원

23. 실증설

이 책은 대원선사가 2010년 2월 14일 구정을 맞이하여 불자들에게 불법의 참뜻을 보이기 위해 홀연히 펜을 들어 일시에 써내려간 법문을 모태로 하였다. 실증한 이가 아니고는 설파할 수 없는 성품의 이치를 자문자답과 사제간의 문답을 통해 1, 2, 3부로 나눠 실증하여 보이고 있다.
224쪽. 10,000원

24. 하택신회대사 현종기

육조대사의 법이 중국천하에 우뚝하도록 한 장본인, 하택신회대사의 현종기. 세간에 지해종도(知解宗徒)로 알려져 있는 편견을 불식시키는 뛰어난 깨달음의 경지가 여기에 담겨있다. 대원선사가 하택신회대사의 실경지를 드러내고 바로보임으로써 빛냈다.
232쪽. 10,000원

25. 불조정맥 - 韓·英·中 3개국어판

석가모니불로부터 현 78대에 이르기까지 불조정맥진영(佛祖正脈眞影)과 정맥전법게(正脈傳法偈)를 온전하게 갖춘 최초의 불조정맥서. 대원선사가 다년간 수집, 정리하여 기도와 관조 끝에 완성한 『불조정맥』을 3개 국어로 완역하였다.
216쪽. 20,000원

26. 바른 불자가 됩시다

참된 발심을 하여 바른 신앙, 바른 수행을 하고자 해도, 그 기준을 알지 못해 방황하는 불자님들을 위해 불법의 바른 길잡이 역할을 하도록 대원선사가 집필하여 출간하였다.
162쪽. 10,000원

27. 누구나 궁금한 33가지

21세기의 인류를 위해 모든 이들이 가장 어렵고 궁금해 하는 문제, 삶과 죽음, 종교와 진리에 대한 바른 지표를 제시하고자 대원선사가 집필하여 출간하였다.
180쪽. 10,000원

28. 108진참회문 - 韓·英·中 3개국어판

전생의 모든 악연들이 사라져 장애가 없어지고, 소망하는 삶을 살게 하기 위해 대원선사가 10계를 위주로 구성한 108 항목의 참회문이다. 한 대목마다 1배를 하여 108배를 실천할 것을 권한다.
170쪽. 15,000원

29. 달마의 일할도 허락지 않는다

대원선사의 짧고 명쾌한 법문집.
책을 잡는 순간 달마의 일할도 허락지 않는 선기와 맞닥뜨리게 될 것이다. 때로는 하늘을 찌를 듯한 기세와, 때로는 흔적 없는 공기와도 같은 향기를 일별하기를…
190쪽. 10,000원

30. 마음대로 앉아 죽고 서서 죽고

생사를 자재한 분들의 앉아서 열반하고 서서 열반한 내력은 물론 그분들의 생애와 법까지 일목요연하게 수록해놓았다.
446쪽. 15,000원

31. 화두 3개국어판 - 韓·英·中

『화두』는 대원선사의 평생 선문답의 결정판이다. 생생하게 살아있는 선(禪)을 한·영·중 3개국어로 만날 수 있다. 특히 대원선사의 짧은 일대기가 실려 있어 그 선풍을 음미하는 데에 큰 도움을 주고 있다.
440쪽. 15,000원

32. 바로보인 간당론

법문하는 이가 법리를 모르고 주장자를 치는 것을 눈먼 주장자라 한다. 법좌에 올라 주장자 쓰는 이들을 위해서 대원선사가 간당론에서 선리(禪理)만을 취하여『바로보인 간당론』을 출간하였다.
218쪽. 20,000원

33. 완전한 우리말 불공예식법

부처님께 공양을 올리고 불보살님의 가피를 구하는 예법 등을 총칭하여 불공예식법이라 한다. 대원선사가 이러한 불공예식의 본뜻을 살려서 완전한 우리말본 불공예식법을 출간하였다.
456쪽. 38,000원

34. 바로보인 유마경

유마경은 불법의 최정점을 찍는 경전이라 할 것이니, 불보살님이 교화하는 경지에서의 깨달음의 실경과 신통자재한 방편행을 보여주는 최상승 경전이다. 대원선사가 〈대원선사 토끼뿔〉로 이 유마경에 걸맞는 최상승법을 이 시대에 다시금 드날렸다.
568쪽. 20,000원

35. 실증설
5개국어판 - 韓·英·佛·西·中

대원선사가 불법의 참뜻을 보이기 위해 홀연히 펜을 들어 일시에 써내려간 실증설! 실증한 이가 아니고는 설파할 수 없는 도리로 가득한 이 책이 드디어 영어, 불어, 스페인어, 중국어를 더하여 5개국어로 편찬되었다.
860쪽. 25,000원

36. 누구나 궁금한 33가지
3개국어판 - 韓·英·中

누구라도 풀어야 할 숙제인 33가지의 의문에 대한 답을 21세기의 현대인에게 맞는 비유와 언어로 되살린 『누구나 궁금한 33가지』가 한글, 영어, 중국어 3개국어로 출간되었다.
408쪽. 15,000원

37. 달마의 일할도 허락지 않는다
3개국어판 - 韓·英·中

대원선사의 짧고 명쾌한 법문집인 『달마의 일할도 허락지 않는다』가 한글, 영어, 중국어 3개국어로 출간되었다. 전세계에서 유일하게 활선의 가풍이 이어지고 있는 한국, 그 가운데에서도 불조의 정맥을 이은 대원선사가 살활자재한 법문을 세계로 전하고 있는 책이다.
308쪽. 15,000원

38. 화엄경 (전81권)

대원선사는 선문염송 30권, 전등록 30권을 모두 역해하여 세계 최초로 1,463칙 전 공안에 착어하였다. 이러한 안목으로 대천세계를 손바닥의 겨자씨 들여다보듯 하신 불보살님들의 지혜와 신통으로 누리는 불가사의한 화엄세계를 열어 보였다.
220쪽. 각권 15,000원

39. 법성게 3개국어판 - 韓·英·中

법성게는 한마디로 화엄경의 핵심부를 훤출히 드러내놓은 게송으로 짧은 글 속에 일체 법을 고스란히 담아놓았다. 대원선사의 통쾌한 법성게 법문이 한영중 3개국어로 출간되었다.
376쪽. 15,000원

40. 정법의 원류

『정법의 원류』는 불조정맥을 이은 정맥선원의 소개서이다. 정맥선원은 불조정맥 제77조 조계종 전강 대선사의 인가 제자인 대원 전법선사가 주재하는 도량이다. 『정법의 원류』를 통해 정맥선원 대원선사의 정맥을 이은 법과 지도방편을 만날 수 있다.
444쪽. 20,000원

41. 바로보인 도가귀감

도가귀감은, 온통인 마음[一物]을 밝혀 회복함으로써, 생사를 비롯한 모든 아픔과 고를 여의어, 뜻과 같이 누려서 살게 하고자 한 도교의 뜻을, 서산대사가 밝혀놓은 책이다. 대원선사가 부록으로 도덕경의 중대한 대목을 더하고, 그 대목대목마다 결문(決文)하였다.
218쪽. 12,000원

42. 바로보인 유가귀감

유가귀감은 서산대사가 간추려놓은 구절로서, 간결하지만 심오하기 그지없으니, 간략한 구절 속에서 유교사상을 미루어볼 수 있게 하였다. 대원선사가 그 뜻이 잘 드러나게 번역하고 그 대목대목마다 결문(決文)하였다.
236쪽. 15,000원

43. 바로보인 전등록 (전30권)

7불로부터 52세대까지 1,701명 선지식의 깨달음의 진수가 담긴 전등록 30권에 농선 대원 선사가 선리(禪理)의 토끼뿔을 더해 닦아 증득하는데 도움이 되도록 하였다.
288쪽. 각권 15,000원

농선 대원 선사 법문 mp3 주문 판매

* 천부경 : 15,000원
* 신심명 : 30,000원
* 현종기 : 65,000원
* 기우목동가 : 75,000원
* 반야심경 : 1회당 5,000원 (총 32회)
* 선가귀감 : 1회당 5,000원 (총 80회)

* 금강경 : 40,000원
* 법성게 : 10,000원
* 법융선사 심명 : 100,000원

농선 대원 선사 작사 CD 주문 판매

* 가슴으로 부르는 불심의 노래 1,2,3집
  각 : 1만 5천원
* 유튜브에서 채널 구독하시고 무료로
  찬불가 앨범을 감상하세요

주문 문의 ☎ 031-534-3373

유튜브에서 채널 구독하시고
무료로 찬불가 앨범을 감상하세요

유튜브에서 MOONZEN을 검색하시거나
아래의 주소로 접속해주세요

http://www.youtube.com/user/officialMOONZEN